Eiga monogatari

Akiko Yosano, Hiroji Matsumura, Tekkan Yosano

榮華物語上卷解題

一、「榮華物語」は、之を重要なる歴史として見る一面より云へば、文學的態度を最も自由に用ひて編年體に記述したる平安朝史の一種であり、之を價値ある文學として見る一面より云へば、平安朝中期に於ける宮廷及び貴族の生活を題材として最も寫實的に創作したる歴史小説の一種である。

一、如此く歴史にして併せて文學を兼ねたるものは、早く奈良朝に於て元明天皇の和銅五年（七一二）に太安萬侶（やすまろ）（——七二三）が勅を奉じて撰述したる「古事記」三卷が先蹤を爲してゐるが、其れより三百廿餘年の後に再び此「榮華物語」を見るのである。而かも「古事記」は漢文を以て書かれたる原文に古訓を施して讀むのであるから、初めから純粹の國文を以て書かれたる此種の書は實に此「榮華物語」を嚆矢とせねばならぬ。

一、「榮華物語」は正編三十卷、續編十卷に分れてゐる。この正編續編の稱は假に便宜上我我の附する所であるが、此書が斯く二部に分れてゐる事を最初に考證した學者は僧契沖（一六四〇——一七〇一）である。爾來此事はすべての學者の一致する所である。

一、正編三十卷即ち「月の宴」より「鶴の林」に至るまでは、村上天皇の天曆元年（九四六）より後一條天皇の萬壽五年（一〇二八）二月まで八十二年間の記述を爲し、其れより二年十個月間の記事を缺いて續編に

接し、續編は後一條天皇の長元三年（一〇三〇）十一月より堀川天皇の寛治六年（一〇九二）二月に至るまで六十二年間の記述を爲してゐる。但し續編の中に於ても「煙の後」の卷と「松の下枝」の卷との間に治暦四年（一〇六八）より延久二年（一〇七〇）に至る凡そ三年間の記述を缺いてゐるから、嚴密に云へば續編の內容は五十九年間の記述である。

一、正續兩篇の著者は固より同一人で無い。正編の著者は、主として自己の見聞したる、一條（九八〇—一〇一一）、三條（九七〇—一〇一七）、後一條（一〇〇八—一〇三六）三帝の時代における藤原道長（九六六—一〇二七）一門の榮華を公私に亘つて記述するが爲めに、筆を前代より著け初め、萬壽四年十二月道長の死を「鶴の林」に叙して筆を擱（お）いたのである。

一、「榮華物語」の名は此正編の著者が自ら撰んで附けた名である。「榮華」は人の顯榮光華を稱する美辭にして、「史記」に「光耀榮華」と云ひ、淮南子に「有榮華者」と云ひ、漢籍にその典據が多い。また正編の中にも著者自ら「榮華の初花」（「莟の花」の卷）、「之を榮華とは云ふにこそ」（同上）、「此殿の御前（おまへ）の榮華」（「疑」の卷）等の語を用ひてゐる。物語の稱は、平安朝初期以來汎く小說體の散文文學に屬する作品の稱にして、此書以前既に「伊勢物語」、「宇津保物語」、「大和物語」、「竹取物語」、「落窪物語」、「源氏物語」「和泉式部物語」等の先例がある。猶「榮華物語」が此書の本名である事は、續編の著者が「根合の卷」に於て「榮華の上の卷」と書いてゐるので明白である。

一、「榮華物語」を古くより「世繼」または「世繼物語」とも云つた。之は世人より此正編に附けた別稱である。「世繼」は世世の事蹟を繼繼に記るしたる書、即ち「歷史」の義であり、「世繼物語」は即ち現代に謂ふ「歷史小說」の義である。

一、「榮華物語」の正編に刺激せられて、別に同時代の歷史を紀傳體に書いた「大鏡」は此正編の直後に出た書であるが、其れには「世繼の翁」と稱する假作の人物の語る所を記述する風に作られてゐると共に、同じく純粹の國文を以て書かれてゐるが爲めに、世人は「大鏡」をも「世繼」または「世繼物語」と呼んだが、之が爲め後世、兩者の混同を生ずるに至つた。但し「塵添壒囊抄」、「拾遺抄注」の如く「世繼の大鏡」と書し、また「愚管抄」の如く「世繼の鏡の卷」と書して兩者を區別したものも見える。其れから「大鏡」を繼いで後に出た「今鏡」も亦「續世繼」の別稱を持つてゐる。

一、「榮華物語」前編の著作年代は、首卷「月の宴」に「世始まりて後、此國の帝六十餘代にならせ給ひにけれど、此次第書き盡すべきにあらず。此方よりての事をぞ記るすべき」とある句の中の「六十餘代」は、即ち著作年代の天皇を申すのであるから、其記述が後一條天皇の萬壽五年で終つてゐるのを思ふと、「六十餘代」は六十八代の帝に當らせらるる後一條天皇を申すのであり、從つて此天皇の萬壽五年の後、六十九代の帝後朱雀天皇の御即位に至るまでの間、即ち長元元年（一〇二八）より長元八年（一〇三五）までの八年間に於て書かれたものと推定せられる。されば德川末期の學者岡本保孝（一七九七——一八七八）が

「榮華物語抄附錄」に於て「日蔭の鬘と疑の卷とに出れば、寛弘八年頃内邊りを知れる人にて、其れより十八九年も後に書けるなるべし」と云つてゐるのは穩當の說と思はれる。

一、「榮華物語」正編は一人の筆に成つたものと信ぜられるが、此著者は何人であるか。古來より存する紛紛の說に囚へられずして仔細に之を讀み、其觀察と其筆致とを味ふ時は、男子の文章にあらずして婦人の文章である事が明かに看取せられる。さて藤原道長の薨じたる萬壽四年より後の八年間、即ち長元年間に在つて此正編を書いた婦人は何人であるか。之に就て古來赤染衞門を著者とする說があり、鎌倉時代初期の歌人歌學者であつた僧顯昭の著と云はれる「色葉和歌集」を初め、現代に於ける和田英松博士の好著「榮華物語詳解」に至るまで此說であるが、之に對して早く反對說を成した人は德川中期の國學者儒者安藤爲章（一六六七——一七二六）である。爲章の「榮華物語考」の著者非赤染說に對して、同じく德川中期の國學者大石千引（一七七〇——一八三五）は「榮華物語考難注」を書き、最も周到に之を辯難してゐるが、我我「日本古典全集」編纂者等の考證も亦千引と同じく著者赤染說を主張するものである。

一、玆に續編に對して正編とは云ふが、もと「榮華物語」と稱する書は赤染衞門の書いた「月の宴」より「鶴の林」まで三十卷のみであり、之れが世に流布して愛讀されたから、「大鏡」に添へられた「世繼」の目次には「鶴の林」までを擧げ、また古寫本にも「爲親本」の如く三十卷の書か幾種か傳へられたのである。後に續編十卷が別人に由つて書かれ、其れか合册せられて「榮華物語」は四十卷となり、學問の暗黑時代

に著者を一人とするやうな混同をさへ生じた。

一、赤染衛門の父平兼盛（―九九〇）は、早く大學の試に及第し、歌人にして文才あり、官は從五位上駿河守に至り、其歌は村上天皇（九二〇―九六七）の天德四年三月卅日の内裏歌合に於て壬生忠見に勝ちたる「忍ぶれど色に出でにけり我戀は物や思ふと人の問ふまで」と云ふ歌を初め、多く後世の勅選集に入り、また「兼盛集」を遺してゐる。兼盛の戀人は姙んだまま大隅守赤染時用の妻となつたが、その生んだ女兒を時用が養つて子としたのが衛門である。衛門は學才あり、歌を善くし、若かつた頃は大江爲基其他多くの男子との間に戀愛關係の跡を留めてゐるが、後には一條天皇時代の大儒、文章博士、東宮學士、尾張守、丹波守であつた大江匡衡（九五二―一〇一二）に嫁し、一條天皇の皇后、藤原道長の長女彰子（九八八―一〇七四）に紫式部、和泉式部等と共に仕へ、其歌は後世の勅選集に出で、また「赤染衛門集」一卷を遺してゐる。長壽にして九十歳近くまで生き、後朱雀天皇（一〇〇九―一〇四五）の長久二年四月九日に源大納言家の歌合に「昔人も今日や衣は更へつらんひとへに夏のきぬと思へば」と云ふ歌（故侍中左金吾家集）を詠み、又長久二年に曾孫大江匡房（一〇四一―一一一一）の誕生を祝つて「雲の上に昇らんまでも見てしがな鶴の毛ごろも年經とならば」、「千代を祈る心の中の涼しさは斷えせぬ家の風にぞありける」と云ふ二首の歌を詠んでゐる。

一、赤染衛門が斯く長壽であつたとするのには、曾孫匡房の誕生の頃より後、猶少くも、衛門自らが撰んだ擢

いたと思はれる「赤染衞門集」の成るまで三四年間、即ち後冷泉天皇（一〇二五――一〇六八）の寛德二年（一〇四五）頃まで生きて居たものとし、さて翻つて衞門が皇后彰子に仕へて居た頃の年齡を考へると、良人の一族であり、又衞門自身の親友であり、中宮に仕へた同僚である和泉式部よりは二十歲程の年長であると推定される理由があり、良人の匡衡とは四歲ぐらゐの年下であると考へられる所から見ると、初めて皇后彰子に仕へた長保三四年頃は四十六七歲であつたと推定される。即ち當時の閨秀文人であつた淸少納言、和泉式部、紫式部等の何れよりも年長者であつた。斯く推定して逆算するに、衞門の生れたのは村上天皇の天德元年（九五七）頃と考へられるのである。

一、さて藤原道長の歿した萬壽四年には赤染衞門は七十一歲ぐらゐであるから、その「榮華物語」正編を書いたのは少くも七十二三歲の頃であらう。後年八十五六歲にして源大納言家の歌合に出詠し、猶八十八九歲までも生きた衞門は稀に見る强健な體質と旺盛な氣力との所有者であつたと想はれるから、七十二三歲にして能く此著作を成した事は有り得べき事である。

一、藤原道長の盛期及び其前後を描寫するに就て衞門は最も好適の人である。一一の事實は長壽を保ち得た著者自身が直接間接に最も近く見聞した所である。著者自身が宮廷を初め當時の貴族に出入し、社寺に詣で、公私の表裏を窺ひ得たるのみならず、その及ばざる所は學者官人として實際の政局に關與した良人及び子孫より聞き、また文人として男女の交友の多かつた著者は其等の交友より聞く事を得たに違ひ無い。

特にまた此史筆を執るに際して多くの資料を他人の記錄に求めた事は、現に「紫式部日記」の文章を「初花」の卷に採用してゐるのでも推定される。その他人の記錄は概ね宮廷及び貴族に仕へた女房達の日記類であらうが、中には男子の筆に成つた日記類も有つたであらう。例へば「玉の臺」の卷の如きは何れかの僧尼の隨筆を採り入れたらしく想はれる。衞門は當時の教育の一つとして法華經其他の佛典にも通じ、「赤染衞門集」には法華經を詠じた多くの歌を遺してゐる程であるが、猶且つ此書中の佛教に關する記述は、專門の佛教學者で無くてはその委曲を盡されぬ事が多く、また然りとて衞門の筆の加はつてゐる事も想まれないのを見ると、採用した原文の筆致を多く保存したのであらう。但し特に「玉の臺」一卷の文章だけは全く筆致を異にしてゐるから、是れは原文其儘を採用して置いたのであると想はれる。此事は前人の未だ云はぬ所であるから一言して置く。

一、而かも赤染衞門自身の直接經驗であればこそ後宮の風習と情緒と生彩とを併せて斯くまでに備へる事を得たと思はれる所が少なく無い。特に「岩蔭」の卷以下に於て、著者が自ら仕へた皇后彰子に關する記述に於て其著しきを見るのである。また三條天皇（九七六――一〇七一）の中宮、道長の二女藤原妍子（一三三一――一四〇六）の皇太后宮の御時代に就て精細を極めた記述をしてゐるのは、衞門の女にして歌人である江侍從が此皇太后宮に仕へてゐたから、其れに由つて資料を得たのであらうと想はれる。また藤原賴通（九九二――一〇七四）に關する精細なる記述も、賴通の情人であつた江侍從を透して知り得た所で

あらう。また「疑」の卷に於て、一條天皇の寛弘二年七月十九日淨妙寺の御堂供養を敍する所に「其日の御願文、式部大輔大江匡衡仕うまつれり」と良人の事を書き、「玉の村菊」の卷に於て、三條天皇の長和三年十一月廿八日東宮（後の後一條天皇）の御讀書始を敍した條に「博士には大江匡衡が子の、一條院の御時の藏人仕うまつりし擧周を成させ給へる」と我子の事を書いてゐるのを見ると、努めて著者自身の事を控へ目に書かうとする老後の著者の落着いた心にも、猶學者の家の榮譽を傳へたいと思ふ人情が出てゐる。安藤爲章は、此良人や我子に關する記事、及び壯年期の友人和泉式部の私行に就ての記事などを以て著者非赤染説の一證とし、著者が赤染ならば斯かる事は避けて書かない筈であると云つてゐるが、我我は却て是等を著者赤染説の一證として擧げたいのである。男女間の私行の記事を諱まない事は當時の文人の風であり、殊に衞門は其晩年に編した「赤染衞門集」に、良人歿後の心安さからでもあらうが、匡衡に嫁した以前、自身の妙齡時代に於ける多くの情人との贈答を憚らず載せてゐる。既に自身の私行に就てさへ掩はないのであるから、友人の私行に就ても、其れが有名なる才女の和泉式部の事であるだけ、一の逸話として記述を遺てしたであらう。（廿歳の年下であると想はれる和泉式部も長壽であつたから、勿論また生きて居た。）また歴史としての著作であるだけ、近き世の人の知つてゐる事實を、和泉式部の私行のみならず、大概の事は眞實を傳へようとしたであらう。また紫式部日記の文章を採用した事に就て、安藤爲章が婦人同志の嫉妬心から斯かる事を爲す筈が無いと云ふ意味の説を述べてゐるが、皇后彰子に仕へて居

た壯年期ならばともかく、良人の歿後に尼となり、學者官人の家の煩はしからぬ生活の中に漸次圖書、佛典、漢籍の學殖を積み、常に筆硯に親み、其年は七十を超えたる所の老女流文學者の透徹した心に爲章の描寫する如き俗情の影が射すであらうか。老後の日に對する大石千引の解説は正鵠を得てゐる。寧ろ衞門は親しく右の如き人の記錄を借る事に由つて史實の完全を期したであらう。さうして彼女に其等の記錄を借覽するのに衞門自身と其子孫とは職務より閲歴より併せて好適の地位に在つたと想はれる。

一、「榮華物語」正編の記述は大抵史實と一致してゐる。此點に於て最も貴重なる文獻の一つである。唯だ藤原道長に關する記述には少しく諂諛の跡を認めるが、其れは道長一門と餘りに親昵し、その恩顧を受け、その榮華を目睹した著者の感激をか學的に粉飾したものとして已むを得なかつた所であらう。また往往散見する年月の相違の如きは老年の著者の瑣末な記憶の誤差に由るべく、官位などが其當時のもので無く後のものであつたりするのは、我我が「[illegible]」と云はずに「明治天皇」の諡號を常に口にするやうに、後より云ひ、後より書く者に便宜上免れ難い事である。

一、赤染衞門が此書中に於て何人にも同情を以て書いてゐる事は「源氏物語」の作者と似てゐる。婦人の筆に成るものとしては珍らしい事であるが、是れも老後の著者の圓熟した人格に由る事であらう。

一、「榮華物語」正編の流暢にして典雅なる文體は著者の[illegible]めたものである。固より、平安朝に入つて不便なる萬葉假字より解放され、便利なる新國字即ち平假字の普及するに伴れて勃興した新文學の文章、中に

も衛門の壯年期に其最も年下の交友紫式部（與謝野晶子の推定年代、九八〇——一〇一三）の書いた空前の傑作「源氏物語」の文章に影響された事は云ふまでも無いが、之を歴史小說に用ひて別に獨創の美を開いたのは著者の功である。宜なるかな、久しく「源氏」、「榮華」と對稱されて後人の推獎を受け、歴史として、文學として、日本古典の中に大に光る所の一つの星座を保つてゐる。また古來赤染衛門の名が清紫二家に比せられるのも決して偶然で無い。

一、猶赤染衛門が「榮華物語」正編を書いた動機に就て、德川中期（安永天明頃）の國學者土肥經平は其著「春湊浪話」に於て『新國史の後は、村上、冷泉、圓融、花山の帝三四代の史を修せらるべき時、一條院の御代に當れるに、其事の御沙汰も無かりしが、其御代の頃は官女にオ子多く有りし時にて、此國史を修せられぬを官女の方にて歎き慨る事あり、さて「世繼」を赤染衛門の書きしなるべし。右に新國史の次の帝村上天皇の御代に筆を起して、帝王の世紀を續きて書かれけるを以て「世繼」と其名をも稱せしなるべし。げにも此「世繼」の出來ければこそ續きて續世繼、增鏡の撰ありて、假名ながらも國史連續したり。是れ赤染衛門の大いなる功績と云ふべし』と云つてゐるのは、何事にも一隻眼を備へた經平の說だけであつて我我も同感される。「文德實錄」、「三代實錄」の勅撰以後に、婦人の身を以て修史の事業を繼ぐさへあるに、漢文體の國史以外に國文の史筆を創めた衛門の業績は、永く國民に記憶され感謝されねばならない。

一、赤染衛門と云ふ女房名に由つて考ふるに、衛門は其妙齡期に於て何れかの侍女となつて居たに違ひ無い。

其れは宮廷や親王家で無くて、何れかの大臣家であらう。また匡衡に嫁せない以前の事であるのは養父の名の「赤染」を以て稱せられてゐるので明かである。衛門と云ふのも養父がまだ國司任官以前、右衛門尉で居たのに由るのであらう。紫式部は其日記の中に「匡衡衛門」と良人の名をも冠して中宮（彰子）の御許や道長の家あたりで呼んでゐる事を書いてゐるが、中宮に仕へた以前から早く交際社會に知られた赤染衛門の名を以て當時にも後世にも廣く呼ばれたのである。

一、大江匡衡と赤染衛門との間に生れた子擧周、孫成衡、曾孫匡房、皆共に文章博士にして儒者であり、匡房は兼ねて歌人歌學者として平安朝末期に萬葉集次點者の一人である。また鎌倉時代に源頼朝（一一四七――一〇五七）に信任されて、公文所の別當となり幕政を總理した大江廣元（一一四八――一二二五）は此匡房の曾孫である。

一、此上卷の最後にある「岩蔭」の卷の末の方に「左衛門督の北の方、内の大い殿の女御に」と云ふ句は、道長の長男で當時左衛門督であつた頼通の妻（隆子女王、當時十七八歳）から、一條天皇の女御の一人で弘徽殿の女御と云つた藤原義子（當時廿七八歳）の許へ贈つた歌の端書であるが、此句の次にあるべき贈答の歌が何れの時にか脱落し去り、其代りに、本文に全く關係の無い二篇の拙劣冗漫な長歌が竄入したのである。二篇の長歌は其内容に由ると二人の老女の作のやうで、平安朝期の歌合であるが、偶ま誰かが此卷の末の空白へ心覺えに記るして置いたものが本文のやうに誤り傳へられたのであらう。姑く保存しては

置くが、「榮華物語」の爲めに斯かる竄入のあるのは迷惑至極の事であり、全く省き去つて然るべきものである。

一、「榮華物語」には流布本以外に異本が少なくないが、此「日本古典全集」は大體に於て善本だと認める「史籍集覽本」を基礎とし、猶二三の異本に由つて少許の補修を加へた。猶本書は一般の「讀み本」となる事に重きを置いたから、學者的良心の許容する限りに於て、假字書きの所に多く漢字を當てた。その當てた中に在來の慣用字に無いものは別に適意の文字を用ひた。例へば「ののしる」に「喧噪」を當て、「おいらか」に「寛厚」を當てた類である。前者は「罵」の字を用ひては當らず、後者は從來假字書きの爲になつて居て誰も漢字を當てた例が無いから、倂せて新しい當字(あてじ)を撰んだのである。

一、人名の讀み方は世界何れの國に於ても、必ずしも確實を期し難い。本書は出來るだけ歷史的正確を得ることに力めたが、大體は流傳の讀み方に從ひ、その全く考へ得ないものは假字を附けずに置いた。

一、猶續編に關する解題は本書の下卷に於て書く事にする。

栄華物語上巻目次

榮華物語　上卷

月宴

世初まりて後、此國の帝六十餘代にならせ給ひにけれど、この次第書き盡すべきにあらず。こち寄りての事をぞ記るすべき。世の中に、宇多の帝と申す帝おはしましけり。其帝の御子たち數多おはしましける中に、一の御子敦仁の親王と申しけるぞ位に即かせ給ひけるこそは、醍醐の聖帝と申して、世の中に、天の下めでたき例に引き奉るなれ。位に即かせ給ひて、三十三年を保たせ給ひけるに、多くの女御達侍ひ給ひければ、男御子十六人、女御子數多おはしましけり。其頃の太政大臣基經の大臣と聞えけるは、宇多の帝の御時に亡せ給ひけり。中納言長良と聞えけるは贈太政大臣冬嗣の御太郎にぞおはしける。後に贈太政大臣とぞ聞えける。その御三郎にぞおはしける。その基經の大臣亡せたまひて、後の御諡昭宣公と聞えけり。其基經の大臣、男君四人おはしけり。太郎は時平と聞えけり。左大臣までなり給ひて、三十九にてぞ亡せ給ひにける。二郎仲平と聞えけるは、左大臣までなり給ひて、七十一にて亡せ給ひにけり。三郎兼平と聞えける、三位までぞおはしける。四郎忠平の大臣ぞ關白太政大臣までなり給ひて、多くの年頃過ぐさせ給ひける。其基經の大臣の御女の女御の御腹に、醍醐の宮達あまたおはしましけり。十一の御子寛明の親王と申しける、帝に居さ

せ給ひて、十六年おはしまして後に、降りさせ給ひておはしけるをぞ朱雀院の帝とは申しける。その次ぎ、同じ女御の御腹の十四の御子、成明の親王と申しける、さし續きて帝に居させ給ひにけり。天慶九年四月十三日にぞ居させ給ひける。朱雀院は、御子達おはしまさざりけり。唯だ王女御と聞えける御腹に、えも云はず美くしき女御子、一所ぞおはしましける。母女御も、御子三歳にて亡せ給ひしかば、帝我れ一所、畏きものに思ほし養ひ奉り給ひける。いかで后に据ゑ奉らんと思しけれど、效無き事にて、口惜しくてぞ過ぐさせ給ひける。昌子内親王とぞ聞えさせける。斯くて、今の上の御心ばへ、あらまほしく、有るべき限りおはしましけり。醍醐の聖帝世にめでたくおはしましけるに、又この帝、堯の子の堯ならんやうに、大かた御心ばへの雄雄しう、氣高く賢うおはしますものから、御才も限り無し。和歌の方にもいみじう染ませ給へり。萬づに情あり、物のはえおはしますこと限り無し。許多の女御、御息所參り集まり給へるを、時あるも時無きも、御志後れたるも、こよなきも、いささか恥かましげに、いとほしげにもてなしなどもせさせ給はず。斜に情ありて、めでたう思召しわたして、なだらかに掟てさせ給へれば、この女御、御息所達の御中も、いと目やすく、便無き事聞えず。くせぐせしからずなどして、御子生まれ給へるは、然る方に重重しくもてなさせ給ひ、然らぬは、然可う御物忌などにて、徒然に思さるる日などは、御前に召し出でて碁、雙六打たせ、扁を著かせ、石投どりをせさせて御覽じなどまでぞおはしましければ、皆互に情を交し、をかしうなんおはし合ひける。斯く帝の御心のめでたければ、吹く風も枝を鳴らさずなどあればにや、春の花も匂のどけく、秋

の紅葉も枝に留まり、いと心のどかなる御有様なり。只今の關白太政大臣にては、枇杷の大臣の御子、四郎忠平の大臣、帝の御叔父にて、世をまつりごちておはす。その大臣の御子、五人ぞおはしける。太郎は今の左大臣にて、實頼と聞えて、小野の宮と云ふ所に住み給ふ。二郎は右大臣にて師輔の大臣、九條と云ふ所に住み給ふ。三郎の御有様おぼつかなし。四郎師氏と聞えける、大納言までぞ成り給ひける。五郎師尹の大納言と聞えて、小一條と云ふ所に住み給ふ。されば只今は、この太政大臣の御子ども、やがていとやんごとなき殿ばらにておはす。此殿ばら、みな各御子ども様々にておはする中に、九條の師輔の大臣、いと足らはしくおはして、あまたの北の方の御腹に、男十一人、女六人ぞおはしける。小野の宮の左大臣殿は、三人ばかりぞおはしける。女君もおはしけり。一所は、宮ばらの具にておはす。さし次は、女御にておはしけり。次次様様にておはす。小一條の師尹の大臣、男子二人、女一所ぞおはしける。男子一人は、はかなうなり給ひにけり。斯くて、女御たちあまた參り給へる中に、九條の師輔の大臣の姫君、有るが中に、一の女御にて侍ひ給ふ。また今の帝の御兄弟の重明の式部卿の宮の御女、女御におはす。又同じ御兄弟の、代明の中務の宮の御女、麗景殿の女御とて侍ひ給ふ。又在衡按察大納言の女、按察の御息所とて侍ひ給ふ。小一條の師尹の大臣の御女、いみじう美くしくて、宣耀殿の女御と聞えさす。又廣幡の中納言庶明の御女、廣幡の御息所とておはす。さても此の御方方皆御子生まれ給へるどもなり。御子生まれ給はぬ御息所達も、あまた侍ひ給ふ。まことや、元方民部卿の女も參り給へり。年頃東宮も、斯くて再び亡せ給ひぬるに、東宮斯く居させ給

はぬに、許多侍ひ給ふ御方方、あやしう心もとなく思召されける程に、九條殿の女御、唯だにもおはしまさで、めでたしと喧騷りしかど、女御子にて、いと本意無き程に、平安にてだにおはしまさで、亡せさせ給ひぬるに、元方の御息所、唯だならぬ事の由申して、退かで給ひぬれば、若し男御子生れ給へるものならば、又無うめでたかるべき事に、世の人申し思ひたるに、一の御子生れ給へるものか。あなめでた、いみじと喧騷りたり。内よりも、御劔より初めて、例の御作法の事どもにて、もてなし聞え給ふ。元方の大納言、いみじと思したり。東宮はまだ世におはしまさぬ程なり、何の故にか、我が御子東宮に居過ち給はんと、頼もしく思されけり。いみじう世の中に喧騷る程に、九條殿の女御、唯だにもおはしまさずと云ふこと、おのづから世に漏り聞ゆれど、元方の大納言、いで、さりとも、前の事もありきなど聞き思ひけり。大い殿も、九條殿も、いと嬉しう思すほどに、上は、世はともあれ斯うもあれ、一の御子のおはするを、嬉しく頼もしきことに思召す。邂逅なり。斯かる程に、太政大臣殿、月頃悩ましく思したりつるに、天暦三年八月十四日亡せさせ給ひぬ。この三十六年、大臣の位にておはしましけるを、御年今年ぞ七十になり給ひける。左右の大臣たちも、いとまためでたく頼もしき御ありさまなり。帝も疎からぬ御中らひにて、萬づかたがたの御事も、めでたくて過ぎもて行くに、女御も御服にて出で給ひぬ。宣耀殿の女御も、同じく服にて出で給ひぬ。心のどかに、慈悲の御心廣く、世をたもたせ給へれば、世の人いみじく惜み申す。後の御諱貞信公と申しけり。次次の御ありさま、あはれにめでたくて過ぎもて行く。世の中のことを、實賴の右大臣仕うまつり給ふ。九條

殿二の人にておはすれど、猶一くるしき二とぞ人人思ひ聞えさせためる。斯かる程に、年も復りぬれば、天暦四年五月二十四日に、九條殿の女御、男御子生み奉り給ひつ。内よりは、いつしか御劍持て參り、大かたの御ありさま、心殊にめでたし。世のおぼえ殊に、騒ぎ喧騰りたり。元方の大納言斯くと聞くに、胸塞かる心地して、物をだにも食はずなりにけり。いといみじくあさましき事をも、爲過ちつるかなと、物思ひ嘆きぬ胸を病みつつ、病著きぬる心地して、同じくは、今は如何で疾く死なんとのみ思ふぞ、怪しからぬ心なりや。九條殿には、御産屋の程の儀式有樣など、形容びやらんかた無し。大臣の御心の中思ひやるに、然ばかりめでたき事ありなんや。小野の宮の大臣も、一の御子よりは、これは嬉しく思さるるべし。帝の御心の中にも、萬づ思ひ無く、遇ひ協はせ給へるやうに、めでたう思されけり。はかなう御五十日なども過ぎもて行きて、生れ給ひて三月と云ふに、七月二十三日に、東宮に立たせ給ひぬ。九條殿は、太政大臣の亡せ給ひにしを、返す返すも口惜しく思されて、え忍み敢へず、しほたれ給ひぬ。一の御子の母女御の、湯水をだにも參らで、沈みてぞ臥し給へる、いみじくゆゆしきまでにぞ聞ゆる。はかなく〳〵、年月も過ぎて、この御方方、我も我も、劣らじ負けじと、皆唯ならずおぼして、御子達いとあまた出で來集まり給ひぬ。按察の御息所、男三の宮、女三の宮生み奉り給ひつ。又この九條殿の女御、男四五の宮生れ給ひぬ。また宣耀殿の女御、男六八の宮生れ給へりけれど、六の宮は、はかなくなり給ひにけり。八の宮ぞ平安にておはしける。麗景殿の女御、男七の宮、女六の宮生れ給ひにけり。式部卿の宮の女御、女四の宮ぞ生み奉り給へりける。

廣幡の御息所、女五の宮生れ給へり。按察の御息所、男九の宮生れ給ひなどして、また九條殿の女御、女七九十の宮など、數多さし續きて生ませ給ひて、猶この御有樣、世に勝れさせ給へり。斯く云ふ程に、大かた男宮九人、女宮十人ぞおはしける。この御中にも、廣幡の御息所ぞ奇しう心殊に、心ばせ有る樣に、帝も思召いたりける。内より斯くなん。

あふ坂もはては往き來のせきもゐずたづねて訪ひこ來なば歸さじ

と云ふ歌を同じやうに書かせ給ひて、御方方に奉らせ給ひけるに、この御返事方方さまざまに申させ給ひけるに、廣幡の御息所は、薫物をぞ參らせ給ひける。さればこそ、猶心殊に見ゆれと思召しけり。いと然こそ無くとも、何れの御方とかや、いみじく爲立てて參り給へりけるはしも、如來臨も有らまほしくぞ思されける。御心おぼえも、日頃に劣りにけりとぞ聞え侍りし。宣耀殿の女御は、いみじう美くしげにおはしましければ、帝も我が御私物にぞ、いみじう思ひ聞え給へりける。帝、箏の御琴をぞいみじう遊ばしける。この宣耀殿の女御に習はさせ給ひければ、いと美くしう彈き取り給へりけるを、女御の御兄弟の濟時の少將、常に御前に出でつつ、然りげ無う聞きける程に、いみじう善く彈き取り給へりければ、上いみじう興ぜさせ給ひて、召し出だしつつ、數へさせ給ひて、後後は御遊の折折は、先づ召し出でて、いみじき上手にてぞ物し給ひける。この殿ばらの御心樣ども、同じ御兄弟なれど、さまざま心心にぞおはしける。小野の宮の大臣は、歌をいみじく詠ませ給ふ。好色しきものから、奧深く煩はしき御心にぞおはしける。九條の大臣は、寛厚かに知る知

らぬ分かず、心細くなどして、月頃ありて、參りたる人をも、只今有りつるやうに、氣憎くもてなさせ給はずなどして、いと心安げに、思し掟てためれば、大殿の人人、多くはこの九條殿にぞ集まりける。小一條の師尹の大臣は、知る知らぬ程の、踈さ睦まじさも、思し思さぬ程の差別詳明かになどして、くせぐせしうぞ思し掟てたりける。其程さまざまをかしうなんありける。東宮やうやう成長げさせ給ひけるままに、いみじう美くしうおはしますにつけても、九條殿の御おぼえ、いみじうめでたし。また四五の宮さへおはしますぞめでたきや。斯かる程に、天德二年十月二十七日にぞ、九條殿の女御、后に立たせ給ふ。藤原の安子と申して、今は中宮と聞えさす。中宮大夫には、帝の御兄弟の高明の親王と聞えさせし、今は源氏にて、ただ人になりておはするぞ成り給ひにける。次次の宮司ども、心殊に擇びなさせ給ふ。九條殿の御氣色、世にある甲斐ありてめでたし。小野の宮の大臣、女御の御事を、口惜しく思したり。小野の宮の大臣の太郎、少將にて、敦敏とて、いとおぼえありておはせし、一年亡せ給ひにしぞかし。その御思ひにて、いみじく思ひしのび給ひけるを、東國の方より人の、この少將の御料にとて、馬を奉りたりければ、見給ひて、大臣詠み給ひける。

まだ知らぬ人もありけり東路に我れも往きてぞ住むべかりける

此殿、大かた歌をいみじう詠み給ひければ、今の帝、此方に深くおはしまして、折折には、この大臣諸共にぞ詠み交させ給ひける。昔、高野の女帝の御代、天平勝寶五年には、左大臣橘卿、諸卿、大夫等集まりて、

萬葉集を撰ばせ給ふ。醍醐の先帝の御時は、古今集二十卷撰り調へさせ給ひて、世にめでたくせさせ給ふ。只今まで二十餘年なり。古の、今の、舊き、新しき歌、撰り調へさせ給ひて、世にめでたう爲させ給ふ。この御時には、その古今集に入らぬ歌を、昔のも今のも、撰ぜさせ給ひて、後に撰ずとて、後撰集と云ふ名を附けさせ給ひて、又二十卷撰ぜさせ給へるぞかし。其れにも、この小野の宮の大臣の御歌、多く入りためり。但し古今には、貫之、序いとをかしう作りて仕うまつれり。後撰集にも、さやうにやと思召しけれど、彼れは其時の貫之、此方の上手にて、古を引き、今を思ひ、行末を兼ねて、面白く作りたるに、今は然やうの事に堪へたる人無くて、口惜しく思召しける。この小野の宮の大臣の二郎、三郎、二所殘りておはしつるを、三郎右衞門督までなり給へりつるも、亡せ給ひにければ、今は二郎頼忠と聞ゆるのみぞおはすめる。まだ御位いと淺し。右衞門督の、若うて上達部になり給へりしが、斯くて止み給ひにしかば、其れに怖ぢて、すがすがしくも爲し上げ奉り給はで、右衞門督の御子ども、あまたおはしける中にも、三郎をぞ祖父大臣わが御子にし給ひて、實資と附け給へりける。敦敏の少將の君も、男子、女子あまた持給へりけるを、この祖父大臣ぞ萬づに育ませ給ひける。九條殿の后の御姉妹の、中の君は、重明の式部卿の宮の、北の方にてぞおはしける。女君二所生みてかしづき給ひけり。斯くて春宮四歳におはしましし年の三月に、元方の大納言亡くなりにしかば、其後、一の宮母女御も、打續き亡せ給ひにしぞかし。その氣にこそは有めれ、春宮いとうたてき御物の怪にて、ともすれば、御心地あやまりしけり。いといとほしげにおはします折折ありけり。然る

は、御容美くしう清らにおはしますこと限り無きに、玉に瑕つきたらんやうに見えさせ給ふ。唯だいみじき事には、御修法あまた壇にて、世と共に萬づせさせ給へど驗無し。いと尋常ならぬ御心様容なり。御氣はひ、有様、御髮つきなど、まだ小さくおはします人の御氣はひとも見え聞えず、まがまがしう、ゆゆしう、いとほしげにおはしましけり。是れを帝も后も、いみじきことに思召し歎かせ給ふ。やうやう御元服のほども近くならせ給へれば、御女おはする上達部、親王達は、いたう氣色ばみ申し給へど、斯くおはしませば、只今さやうのこと、思召しかけさせ給はぬに、前の朱雀院の女御子、又無きものに思ひかしづき聞えさせ給ひしを、さやうに思召したためるは、後に据ゑ奉らん御本意なるべし。されば、その宮參らせ給ふべきに定めありて、異人人、只今は思し止まりにけり。式部卿の宮の北の方は、内邊りの然るべき折ふしの、をかしき事見には、宮仕ならず參り給ひけるを、上はつかに御覽じて、人知れず、如何で如何でと思召して、后に切ちに聞えさせ給ひければ、心苦しうて、知らず顔にて、二三度は對面せさせ奉らせ給ひけるを、上はつかに飽かずのみ思召して、常に猶猶と聞えさせ給ひければ、わざと迎へ奉り給ひけれど、あまりは、え物せさせ給はざりける程に、帝、然るべき女房を通はさせ給ひて、忍びて紛れ給ひつつ參り給ふ。又造物所に、然るべき御調度どもまで、志させ給ひける事を、自ら度度になりて、后の宮洩り聞かせ給ひて、いと嫉しき御氣色になりにければ、上も慎ましう思召して、かの北の方も、いと怖ろしう思召されて、其事止まりにけり。かの宮の北の方は御容も心も、をかしう今めかしうおはしける。色めかしうさへおはしければ、斯かる

事も有るなるべし。帝、人知れず、物思ひに思し染みたる。斯かる程に、后の宮も帝も、四の宮を、限り無きものに思ひ聞えさせ給ひければ、その御氣色に從ひて、萬づの殿上人、上達部、靡き仕うまつりて、もてはやし奉り給ふ程に、やうやう十二三ばかりにおはしませば、御元服の事思し急がせ給ふ。御女持給へる上達部は、いみじう氣色ばみ聞え給ふに、宮の大夫と聞ゆる人、源氏の左大臣、えも云はずかしづき給ふ一人女を、然やうにと仄めかし聞え給ひければ、帝も宮も、御氣色さやうに思しければ、喜びて、萬づ設へさせ給ひて、やがて其夜參り給ふ。例の宮達は、我が里におはし初むることこそ常の事なれ。是れは女御更衣のやうに、やがて内におはしますに、參らせ奉り給ふべき定めあれば、例の女御更衣の參りは然る事なり。是れはいと珍らかにも變り、今めかしうて、御元服の夜、やがて參り給ふ。帝后の、御持扱ひのほど、いとをかしくなん見えさせ給ひける。斯かる程に、重明式部卿の宮、日頃いたく煩ひ給ふと聞ゆれば、九條殿如何に如何にと思し歎くほどに、亡せ給ひにければ、帝人知れず、今だにと嬉しう思召せど、宮にぞ憚り聞えさせ給ひける。御忌など過ぐさせ給ひて、この四の宮をぞ一品式部卿の宮と聞えさすめる。斯かる程に、九條殿御惱ましう思されて、御風など云ひて、御湯ゆでなどして、藥聞し召して過ぐさせ給ふ程に、實やかに苦しうせさせ給へば、宮も里に出でさせ給ひぬ。男君達あまたおはすれど、又はかばかしく大人しきも、さすがにおはせず。中に大人しきは、中將などにておはするもあり。如何におはすべきにかと、内にもいみじう思召し歎きけり。東宮の御後見も、四五の宮の御事も、唯だ此大臣を、賴もしきものに思召したるに、如何に

如何にと、公よりも、御修法など行はせ給ふ。いとめでたき御幸ひに、世の人も申し思へり。天徳四年五月二日、出家せさせ給ひて、四日に亡せさせ給ひぬ。御年五十三。只今斯くしもおはしますべき程にもあらぬに、口惜しう心憂く、惜み申さぬ人も無し。世を知り給はんにも、いとめでたき御心用ひと、返す返す思し惑はせ給ふ。宮おはしませば、萬づ限り無くめでたし。一天下の人、いづれかは、宮に靡き仕うまつらぬが有らん。斯くて、後後の御事ども、哀れ哀れと、聞えさするほどに、御法事も、六月十餘日にせさせ給ふ。今は疾く内に參らせ給へとあれど、いと暑きほど過ぐしてとおはします。右大臣には、故時平の大臣の御子、顯忠の大臣なり給ひぬ。この左の大臣殘りて、斯くおはする、いとめでたし。東宮の女御も、宮の御物の怪の怖ろしければ、里がちにぞおはしましける。年月もはかなく過ぎもて行きて、をかしくめでたき世の有樣ども、聞き續けまほしけれど、何かはとてなん。宮達皆さまざま美くしう、何方にもおはしますを、上とも斯うもとぞ思召さるるが中にも、猶宮の御方の御子達は、いと心殊に思召す。九條殿の榮えたる御ありさま、返す返すも口惜しう、いみじき事をぞ、帝も后も思召したる。世の中何事につけても變り行くを、哀れなることに、帝も思召して、猶如何で疾う降りて、心安きふるまひにてもありにしがなとのみ思召しながら、前前も、位ながら亡せ給ふ帝は、後後の御有樣、いと所狹きものにこそあれど、同じくは、いとめでたう、ことなき事ぞかしとまで、思召しつつぞ過ぐさせ給ひける。式部卿の宮も、今はいと好う、大人びさせ給ひぬれば、里におはしまさまほしう思召せど、帝も后も、故り難きものに思し聞えさせ給ふものから、怪しきこと

は、常などには如何かと見奉らせ給ふ事ぞ出で來にたる。されば五の宮をぞ然やうにおはしますべきにやとぞ。まだ其れはいと稚うおはします。其れにつけても、大臣のおはせましかばと、思召すこと多かるべし。麗景殿御方の七の宮ぞ、をかしう、御心おきてなど、小さながらおはしますを、母女御の御心ばへ推し測られけり。按察の御息所、殊におぼえ無かりしかども、宮達のあまたおはしますにぞ、掛かり給ふめる。式部卿の宮の女御、宮さへおはしまさねば、參り給ふことはいと有り難し。然るは、いと貴に、艶かしうおはする女御をなど、常に思ひ出でさせ給ふ折折は、御文ぞ絶えざりける。斯かる程に、后の宮、日頃尋常にもおはしまさぬを、如何にと思召さるるに、怪しう惱ましうのみ、常よりも苦しう思さるれば、如何なる事にかと、我が御心地にも思召さるれば、七壇の御修法、長日の御修法、朝廷方、宮方と、行はせ給ふ。不斷の御讀經など行はせ給ふ驗ありて、御心地爽やかせ給ひなどすれば、いと嬉しきことに思召せば、又同じ事に、苦しうせさせ給ひなどして、月日過ぎもて行くほどに、里に出でさせ給ふを、なほなほ斯くてと申させ給へど、其れも怖ろしきことなりとて、出でさせ給ひて、いよいよ御祈り隙無し。多くの宮達のおはしませば、上如何にとのみ、靜心無く、思し惑ふも、實にとのみ見えさせ給ふ。内には萬づに御心を遣り、をかしき御遊びも、この御惱みに出り、思し絶えて、如何さまにと思したれば、小野の宮の大臣、いと怖ろしう、猶御心を遣りて、おはしまし慣ひて、いたく沈ませ給へるを、心苦しき御事なりとて、又御祈りなど萬づに仕うまつらせ給ふ。此宮斯くておはしませばこそ、萬づ調ほりて、傍への御方方も、心長閑かにもてなされて

おはすれ。若し、とも斯くもおはしまさば、如何に如何に、見苦しきこと多からんと、人人も云ひ思ひ、御方方もいみじく思し歎くべし。斯かる程に、御惱猶おどろおどろしうなり增さらせ給へば、內にも外にも、この御事を思し歎くに、內より御使隙も無し。式部卿の宮、この折さへやとて、やがて出でさせ給ひにしかば、上、さまざまに寂寂しく、覺束なき事ども多く思召す。女宮達は、猶暫しとて、留め奉らせ給へり。五の宮をも、御物の怪惱しとて、留め奉らせ給ひつ。返す返す如何なるべき御心地にかと思召さる。宮達をば、寂寂しく思召さるらんにとて、御心の暇無けれど、上わたらせ給ひて、萬づに心しらひ聞えさせ給ふも、且つは如何かと思し續けても、御涙こぼれさせ給へば、よく忍ばせ給へど、御心騷ぎせさせ給ふ。徒常にもあらぬに、斯くおはしますことを、萬づよりも危く大事に思召さるるに、御心地久しうなれば、いと弱くならせ給ひて、ともすれば、消え入りぬばかりにおはします御有樣を、內には、むつまじき女房達、交り交りに參りて、見奉りつつ奏すれば、さまざま耳喧囂しきまでの御祈りども、驗見えず、いといみじき事に思し惑ふ。御物の怪どもいと數多かる中にも、かの元方大納言の靈、いみじくおどろおどろしく、いみじき氣はひにて、敢てあらせ奉るべき氣色無し。東宮をも、いみじげに申し思へり。東宮も、如何に如何にと、覺束なさを、思ひ遣り聞えさせ給ふ。內よりの御使、夜晝分かず頻りて、參り續きたり。御兄弟の殿ばら、心を惑はし給ふ。斯かる程に、大かたの御心地よりも、例の御事の氣はひさへ添ひて、苦しがらせ給へば、いとど御準備し、御誦經など、許多の僧の噪、さし合ひたる程に、いみじう、宮は、息をだにせさせ給はず、亡きやうにてお

はします。許多の内外の人、額をつき、押し凝りて默みたるに、御子いかいかと泣き給ふ。あな嬉しと思ひて、後の御事どもを思ひ騒ぐ程ぞいみじきや、と喧騒る程に、やがて消え入らせ給ひにけり。斯く云ふことは、寬和四年四月二十九日、云へば疎かなりや、思ひやるべし。内の宮達も、外へ出でさせ給へる。此度の宮、女にぞおはしましける。前前の宮達まだ稚くおはしませば、何とも思したるまじけれど、大かたの氣色にいみじう泣かせ給ふ。式部卿の宮は、伏しまろび泣き惑はせ給ふも、道理にいみじう、内にも聞し召して、すべて何事も覺えさせ給はず、御膳をだに嘗ませ給はず、ゆゆしきまで見えさせ給ふ御有樣なり。東宮も、御物の怪ども、皆この宮に參りたれば、例の御心地におはしませば、いといみじう悲しきことに惑はせ給ふも、哀れに見奉る人、皆涙とどめ難し。哀れなりとも疎かなり。然てやはとて、今宮は、侍從の命婦、かねても然か思しし事なれば、やがて仕うまつる。あはれ例のやうに平安におはしまさましかば、この度は心殊に、如何にめでたからましと云ひ續けて、殿ばら、女房達、泣きどよみたる、道理にいみじき御事なりかし。斯くてのみやはおはしまさんとて、二日ありて、とかく爲奉らんと、思し掟てたるにも、儀式有樣、哀れに悲しう、いみじきこと限り無し。內內に奉りつる絲毛の御車にぞ奉る。世の中の然るべき殿上人、上達部など、參り添り奉る、殘り少く見えたり。萬づよりも、式部卿の宮の、御車の後に歩ませ給ふこそ、いといみじう悲しけれ。奉り給へりける物の樣などのいみじさよ。香の輿、火の輿など、皆有るわざなりけり。すべて御供の男女、いと麗しき裝束どもの上に、えも云はぬ物どもをぞ著たる。大かたの儀式有樣、

云はんかた無くおどろおどろしう、内にも、東宮にも、皆御服あるべければ、諒闇たちたれど、是れは殿上人なども、薄鈍をぞ著たる。夏の夜もはかなくて明けぬれば、この御兄弟の君達、僧も俗も、皆打群れて、木幡へ詣で給ふほどなど、誰も、遅く疾きと云ふばかりこそあれ、いと昨日今日とは思はざりつる事ぞかしと、内に思召したる御氣色につけても、極めでたかりける九條殿の御ゆかりかなと見えさせ給ふ。押し返し、帝のおはしますに、先だち奉らせ給ひぬるも、又いとめでたしやと、申すたぐひも多かりや。五の宮は、五歳六歳におはしませば、御服だに無きを、哀れなる御有樣、世の常の事に因らず、過ぎもて行く中にも、萬つおどろおどろしく、こちたき樣はいと殊なり。さて内には、やがて御精進にて、この程は、すべて御讀經にも、女御御息所の御宿直絶えたり。いと樣殊に、參じ詣えさせ給ふ。斯くて御法事は、六月十七日の程にぞせさせ給へりける。五月の霖雨にも、哀れにて讀經暮らし、田子の袂に劣らぬ有樣にて、御法事せすべて司司の人皆居立ちて、然るべき公方ざまに、營み仕させ給ふ。斯くて御法事も過ぎぬれば、僧どもも退かでぬ。宮の内、有らぬものに引き變へたり。然れど、宮達おはしませば、然るべき殿上人、上達部給えず、この殿ばらも皆侍ひ給へば、いみじく哀れに悲しくなん。物の心知らせ給へる宮達は、御衣の色なども、いと濃やかなるも哀れなり。御乳母の侍從の命婦を初めとして、小貳の命婦、少將の命婦など、二三人集りて仕うまつる。これは、故の宮の女房、皆内參けたる聟なりけり。斯くいみじう哀れなることを、内にも眞心に歎き過ぐさせ給ふ程に、男の御心こそ猶憂きものはあれ。六月晦日に、帝の思召しけるやう、式部卿

の宮の北の方は、一人おはすらんかしと思し出でて、御文ものせさせ給ふに、后の宮の御弟の御方方、男君達、唯だ親とも君とも宮をこそ頼み申しつるに、火を打消ちたるやうなるを、哀れに思し惑ふ。斯くて宮達、内に參らせ給ふに、今宮も忍びておはしますを、いといと哀れに悲しと見奉らせ給ふ。いみじうをかしげに、めでたうおはします。御五十日は里にてぞ聞し召す。御衣の色ども、事に黯染なり。斯くて宮の北の方は、珍しき御文を嬉しう思しながら、亡き御影にも思召さんこと、怖ろしう愼ましう思さるるに、其後、御文頻りにて、參り給へ參り給へとあれど、如何でかは思ひの儘には出で立ち給はん。如何になど思し亂るる程に、御兄弟の君達に、上忍びて、此事を宣はせて、其れ參らせよと仰せられければ、斯かる事のありけるを、宮の氣色にも出ださせで、年頃おはしましけることと思す。何につけても、いと悲しう思ひ出で聞え給ふ。さて畏まりて、退かで給ひて、早う參り給へなど聞え給へば、有べい事にもあらずと、ことの外にのたまへば、早くおはして、今今始めたる御事にもあらざなるをなど、恥かしげに聞え給ひて、この君達、同じ心に勸奬し、然るべき御さまに聞え給ふ。内よりは、內藏司に仰せられて、然るべきさまの、細かなる事どもあるべし。然はとて、出で立ち給ふを、御兄弟の君達、さすがに、如何にぞや、打思ひ給へる御氣色どもも、漫ろはしく思さるべし。さて參り給へり。登花殿にぞ御局したる。其れよりして、御宿直頻りて、他御方方、敢て立ち出で給はず。故宮の女房、宮達の御乳母など、安からぬ事に思へり。斯かる事の、いつしかとあることと、只今斯くはおはしますべき事かはなど、事しも咀ひなどし給ひつらんやうに聞えなすも、いといとかたはら

痛し。御方方には、宮の御心の哀れなりしことを、戀ひ忍び聞え給ふに、斯かる事さへあれば、いと心づきなき事に、すげなく謗り嫉み、安からぬ事に聞え給ふ。參り給ひて後、すべて夜晝臥し起き睦れさせ給ひて、世の政を知らせ給はぬ樣なれば、只今の謗りぐさには、此御事ぞありける。理無かりし折、あやにくなりしにやと思されつる御志、今しもいと増さりて、いみじう思ひ聞えさせ給ひての餘りには、人の子など、生み給はざらましかば、后にも据ゑ見ましと、思召し宣はせて、尚侍になさせ給ひつ。御兄弟の公達も、暫しこそ心づきなしと思しのたまはせしか。御志の實にめでたければ、威からぬ御一筋を思すべし。小野の宮の大臣などは、あはれ世の例にし奉りつる右の御心の、世の末に、よしなき事の出で來て、人の謗りを負ひ給ふことと、歎かしげに在し給ふ。御方方、たまさかにぞ御宿直もある。登花殿の君參り給ひては、翌ての御朝寝晝寝など、あさましきまで、世も知らせ給はず、大殿籠れば、何事の如何なれば、斯く夜は大殿籠らぬにかと、怪しからぬ事どもをぞ、近う仕う奉る男女、申し思ひためる。斯かる程に、按察の御息所の御腹の女三の宮、琴をなんをかしく彈き給ふと聞し召して、帝、如何で其宮の御琴彈かせ給ふ聞かん、率て參らせ給へと、御息所に度度宣はせければ、母御息所いと嬉しく思して、爲立てて參らせ給へり。上、晝間の徒然に思されけるに、わたらせ給ひて、いづら、宮はと聞え給へば、此方にと聞え給ふ。此方にと、聞え給へれば、ゐざり出で給へり。十二三ばかりにて、いと美くしげに、氣高き樣し給へり。氣近き御氣はひぞ有らせまほしき。帝、何れも御子の愛しさは分き難う思召されて、美くしう見奉らせ給ふに、母御息所に覺

え給へりと御覽ずべし。御息所も、淸げにおはすれど、ものおいおいしく、如何にぞやおはして、少し古代なる氣はひ有樣して、見まほしき氣はひや籠し給はざらん。姫宮は、まだいと若くおはすれば、貴やかにをかしくおはするに、御箏をいとをかしう彈き給へば、聞き給ふや、こは如何に彈き給ふぞと、宣はすれば、母御息所、三尺の几帳を御身に添へ給へるを、几帳ながら膝行り寄り給ふほどぞ、なま心づきなく御覽ぜらるるに、「ものと何と、道をまかれば、經をぞ一卷見つけたるを、取りひろげて、誦むものは、御說の中の、摩訶の般若の心經なりけり」と彈き給ふにこそ、とのたまふに、せんかた無く奇しう思されて、とも斯くも宣はせぬ程、いと恥かしげなり。その折にあさましう思されたりける御氣色の、世語になりたるなるべし。かやうなる事どもさし混りけり。后の宮おはしまし折、女九の宮などの御對面ありしなどこそ、いみじうめでたかりしかなど、上の女房達は、夜叢宮を戀ひ忍び聞えさするさま、疎かならず。大かたの御心ざま濶う、眞の公とおはしまし、傍への御方方にもいと情あり、大人大人しうおはしましをぞ、御方方も戀ひ聞え給ふ。尙侍の御有樣こそ猶めでたういみじき御事なれど、只今哀れなる事は、此尙侍の御兄弟の高光少將と聞えつるは、童名は、まちをさ君と聞えしは、九條殿のいみじう思ひ聞え給へりし君、中宮の御事なども、哀れに思されて、月の隈も無う澄み昇りてめでたきを見給ひて、

かくばかり經難く見ゆる世の中にうらやましくもすめる月かな

と詠み給ひて、その曉に出で給ひて、法師になり給ひにけり。帝もいみじう哀れがらせ給ふ。世の人もいみ

じく惜み聞えさす。多武の峰と云ふ所に籠りて、いみじく行ひておはしけるに、三歳ばかりの女君のいといと美くしきぞおはしける、其れぞ過思し捨てざりける。多武の峰まで戀しさは續き登りければ、此君の御許に、其れに由りてぞ音づれ聞え給ひける。かの兒君も、屏風の繪の男を見ては、父とてぞ戀ひ聞え給ひける。是れは物語に作りて、世に有るやうにぞ聞ゆめる。哀れなる事には、此事をぞ世には云ふ。はかなく年月も過ぎて、帝世知ろしめして後、二十年になりぬれば、降りなばや、暫し心に任せても在りにしがなと思し宣はすれど、時の上達部達、更に許し聞えさせ給はざりけり。康保三年八月十五夜、月の宴せさせ給はんとて、清涼殿の御前に、皆方分ちて、前栽植ゑさせ給ふ。左の頭には、畫所の別當藏人少將濟時とあるは、小一條の師尹の大臣の御子、今の宣耀殿の女御の御兄なり。右の頭には、作物所の別當右近少將爲光、是れは九條殿の九郎君なり。劣らじ負けじと挑み交して、繪所の方には、洲濱を繪に描きて、種々の花、生ひたるに優りて描きたり。遣水、巖、皆描きて、銀を籬の方にして、萬づの蟲どもを住ませ、大井に逍遙したる繪を描きて、鵜舟に篝火ともしたる繪を描きて、蟲の傍らに、歌は書きたり。作物所の方には、面白き洲濱を彫りて、潮滿ちたる繪を作りて、いろいろの造花を植ゑ、松竹などを彫り附けて、いと面白し。斯かれども、歌をば女郎花にぞ附けたる。

左方

君がため花植ゑ初むと告げねども千代まつ蟲の音にぞ鳴きぬる

右方

　　こころして今年は匂へをみなへし咲かぬ花ぞと人は見るとも

御遊ありて、上達部多く參り給ひて、御祿さまざまなり。是れにつけても、宮のおはしまし折に、いみじく事の光彩ありて、をかしかりしはやと、上より初め奉りて、上達部達戀ひ聞え、目拭ひ給ふ。花蝶に附けても、今は唯だ降り居なばやとのみぞ思されける。時時につけても變り行く程に、月日も過ぎて、康保四年になりぬ。月頃內に例ならず惱ましげに思召して、御物恠など繁し。如何にとのみ怖ろしう思召す。御讀經、御修法など、あまた度行はせ給ふ。斯かれど、更に驗も無し。例の元方の靈なども參りて、いみじく罵るに、猶世の盡きぬればこそ斯樣の事もあらめと、心細く思召さる。かねては、降りさせ給はまほしく思されしかど、今になりては、さばれ、同じくは位ながらこそと思さるべし。御心地いと重ければ、小野の宮の大臣忍びて奏し給ふ。若し非常の事もおはしまさば、東宮には誰をかと御氣色たまはり給へば、式部卿の宮をとこそは思ひしかど、今に於きてはえ居給はじ、五の宮をなん然か思ふと仰せらるれば、うけたまはり給ひぬ。御惱まことにいみじければ、宮達、御方方、皆涙を流し給ふも理かなり。その中にも、尙侍、哀れに人笑はれにやと思し歎くさま、道理にいとほしげなり。されど終に、五月二十五日に亡せさせ給ひぬ。東宮位に卽かせ給ふ。哀れに悲しきこと譬へん方無し。めでたう照り輝きたる月日の面に村雲の俄に出で來て掩ひたるにこそ似たれ。また九重の內の燈火を搔い消ちたるやうにもあり。あさましういみじとも世の常なり。

許多の殿上人、上達部達、足手を惑はかしたり。我君のやうなる君には、今は遇ひ奉りなんや、我も後れ奉らじ後れ奉らじと、足ずりをしつゝぞ泣き給ふ。春宮の御事、またとも斯くも無きに、世の人皆心心に思ひ定めたるもをかし。大臣は皆知りておはすめるものをと、萬づ御後の事どもいといみじ。御葬送の夜は司召ありて、百官を押し反して、この道かの道と分ち當てさせ給ふに、常の司召は喜びこそ有りしか、これは皆涙を流すも、げにゆゆしく悲しうなん見えける。いづれの殿上人、上達部かは殘らんとする。數を盡して仕うまつり給ふ。殿上には人唯だ少しぞ留まれる。村上と云ふ所にぞおはしまさせける。其程の有樣、云はん方無し。夏の夜もはかなく明けぬれば、皆歸り參りぬ。いみじけれども、降り居の帝の御有樣は、常人のやうにこそありけれ、是れはいといと珍らかなる見物にぞ世人申し思ひける。その後次次の御事ども、いみじうめでたき御事と申せども、同じやうにて月日も過ぎぬ。宮宮御方方の墨染ども、哀れに悲しう同じ諒闇なれど、是れはいといとおどろおどろしければ、ただ一天下の人、烏のやうなり。四方山の椎柴殘らじと見ゆるも哀れになん。事ども皆果てて、少し心のどかになりてぞ春宮の御事あるべかめる。式部卿の宮渡りには、人知れず、大臣の御氣色を待ち思せど、あへて音無ければ、如何なればにかと御胸つぶるべし。源氏の大臣若し然もあらずは、あさましうも、口惜しうも有べきかなと、物思ひに思されけり。斯かる程に、九月一日、東宮立ち給ふ。五の宮ぞ立たせ給ふ。御年九歲にぞおはしける。帝の御年十八にぞおはしましける。此帝立たせ給ふ同じ日、女御も后に立たせ給ひて、中宮と申す。昌子內親王とぞ申しつるかし。朱雀院の御心

掟てを本意かなはせ給へるもいとめでたし。中宮の大夫には宰相朝成なり給ひぬ。春宮大夫には中納言師氏、傅には小一條の大臣なり給ひぬ。皆九條殿の御兄弟の殿ばらにおはすかし。但し九條殿の君達はまだ御位ども淺ければ、えなり給はぬなるべし。帝例の御心地におはします折は、先帝にいと能う似奉らせ給へり。御容、是れは今少し勝らせ給へり。あたら帝の御物の怪いみじくおはしますのみぞ世に心憂き事なる。今年は御禊、大嘗會無くて過ぎぬ。斯かる程に、同じ年の十二月十三日、小野の宮の大臣太政大臣になり給ひぬ。源氏の右の大臣、左になり給ひぬ。右大臣には、小一條の大臣なり給ひぬ。源氏の大臣、位は勝り給へれど、あさましく思の外なる世の中をぞ心憂きものに思召さるる程に、年も復りぬ。今年は年號かはりて、安和元年と云ふ。正月の司召に、さまざまの喜びども有りて、九條殿の御太郎伊尹の君、大納言になり給ひて、いと華やかなる上達部にぞおはする。女君達あまたおはす。大姫君内に參らせ給はんとて、いそがせ給ふと云ふことあり。二月にとぞ思し心ざしける。是れを聞し召して中宮も里に暫し出でさせ給ふ。上の御物の怪の怖ろしければ、此宮も里がちにぞおはしましける。二月朔日に、女御參り給ふ。其程の有樣推し測るべし。帝いと甲斐ありて、時めかせ給ふ程に、いつしかと、唯だにもあらぬ御氣色にて物し給ふぞ、いとどゆゆしく、父大納言胸つぶれて思されける。御祈りを盡し給ふ。帝もいと嬉しきことに思召したり。三月になりぬれば、事の由奏して出でさせ給ふ程、いみじくめでたし。是れにつけても、猶九條殿をぞ有り難き御有樣に、人聞えさすめる。さて里に出で給へる程も、内より、おぼつかなさを、思し聞えさせ給ふ。

中宮内に入らせ給へり。中宮の御方の有様、昔も今も、猶いと奥深く、心殊に、やんごとなくめでたし。去年は世の中の人、黒染にて暮れにしかば、今年こそは、御禊、大嘗會など喧騒るめれ。さまざまにめでたき事、をかしき事、哀れに悲しき事多かめり。伊尹大納言一條に住み給へば、一條殿とぞ聞ゆる。その女御、世の中の大事、準備ども果てて、少し長閑になりて、御子生み奉り給へり。男御子におはすれば、世にめでたきことに申し思へり。御産屋の程の有様、云へば疎かなり。太政大臣を初め奉りて、皆参り混み騒ぎたり。七日の夜は、勧學院の衆ども皆参り、式部民部の司皆参り混みたり。一天下を知ろし召すべき君の出で給へると、喜び拜み奉る。祖父の大納言の御氣色いみじうめでたし。九條殿、この頃や六十路に少しや餘らせ給はましと思すにも、おはしまさぬを、斯うやうの事につけても、口惜しく思さるべし。七日も過ぎ、次次の御五十日の御有様、云はん方無し。源氏の大臣は式部卿の宮の御事を、いと隔て多かる心地せさせ給ふべし。宮の御おぼえの、世に無うめでたく、珍らかにおはしまししも、世の中の物語に申し思ひたるに、然しもおはしまさざりしかば、皆斯くおはしますめり。帝と申すものは、安げにて、また難き事に見ゆるわざになんありける。式部卿の宮の、童におはしまし折の御子日の日、帝、后、諸共に居立たせ給ひて、出だし奉らせ給ひし程、御馬をさへ召し出でて、御前にて、御裝ひなど置かせなどして、陪從、犬飼までの有様を御覽じ入れて、弘徽殿の細殿より出でさせ給ひし。御供に左近中將重光朝臣、藏人頭右近中將延光朝臣、民部大輔保光朝臣、中宮權大夫兼通朝臣、兵部大輔兼家朝臣など、いと多くおはしきや。その君達、或るは

后の御兄人達、或るは同じき君達と聞ゆれど、延喜の御子、中務の宮の御子ぞかし。今は皆大人になりておはする殿ばらぞかし。をかしき御狩裝束どもにて、然もをかしかりしかな。船岡にて鷹つかひて、亂れ戲れ給ひしこそ、いみじき見物なりしか。后の宮の女房、車三つ四つに乘りこぼれて、大海の摺裳打ち出だしたるに、船岡の松の綠も色濃く、行末遙かにめでたかりし事ぞやと、世に語り續くるを聞くも、今はをかしうぞ。四の宮、帝がねと申し思ひしかど、いづらは、源氏の大臣の御壻になり給ひしに、事違ふと見えしものをやなど、世にある人ども、あいなき事をぞ苦しげに云ひ思ふものなめり。帝、御物の怪いとおどろおどろしうおはしませば、然るべき殿上人、殿ばら、怠まず夜晝侍ひ給ふ。いと氣恐ろしくおはしますに、今日降りさせ給ふ、明日降りさせ給ふとのみ、聞きにくく申し思へるに、帝と申すものは、一度はのどかに、一度は疾く降りさせ給ふと云ふことも、必ずあるべき事に申し思へるに、今年は安和二年とぞ云ふめるに、位に三年にこそはならせ給ひぬれば、如何なるべき御有樣にかとのみ見えさせ給へり。斯かる程に、世の中に、いと怪しからぬ事をぞ云ひ出でたるや。其れは源氏の左の大臣の、式部卿の宮の御事を思して、帝を傾け奉らんと思し構ふと云ふ事出で來て、世にいと聞きにくく喧る。いでや、世に然る怪しからぬ事有らじなど、世の人申し思ふ程に、佛神の御許しにや、げに御心の中にも有るまじき御心や有りけん、三月二十六日に、この左大臣殿を檢非違使打圍みて、宣命讀み喧りて、帝を傾け奉らんと構ふる罪に由りて、太宰權帥になして流し遣はすと云ふ事を讀み喧る。今は御位も無き定なればとて、網代車に乘せ奉りて、唯だ

行きに率て率れば、式部卿の宮の御心地、大方ならんにてだにいみじと思さるべきに、況いて我が御事に由りて出で來たるにこそと關き思すに、爲ん方無く思されて、我も我もと出で立ち騒がせ給ふ。北の方、御女、男君達、云へば疎かなる殿の内の有樣なり。思ひ遣るべし。昔菅原の大臣の流され給へるをこそ、世の物語に聞し召ししか。是れは、あさましういみじき目を見て、惘れ迷ひて、皆泣き騒ぎ給ふも悲し。男君達の、冠など爲給へるも、後れじ後れじと迷ひ給へるも、敢へて寄せ附け奉らず。唯だ有るが中の弟にて、童なる君の、殿の御懷に離れ給はぬぞ泣き喧騒りて迷ひ給へば、事の由奏して、さばれ、其れはと許させ給ふを、同じ御車にてだにあらず、馬にてぞおはする。十二ばかりにぞおはしける。只今世の中に、悲しくいみじき例なり。人亡くなり給ふ、例の事なり。是れはいとゆゆしう心憂し。醍醐の帝、いみじう賢しう、畏くおはしまして、聖の帝とさへ申しし帝の第十の御子、源氏になり給へるぞかし。斯かる御有樣は、世にあさましく悲しう、心憂きことに世に申し喧騒る。式部卿の宮、法師にや成りなましと思せど、稚き宮達の、美くしうておはします、大北の方の、世をいみじきものに覺えたるも、只今は、宮の一所の御蔭に隱れ給へれば、え振り捨てさせ給はず。いみじう哀れに悲しとも、世の常なり。住ませ給ふ宮の内も、茲つに思し拗れたれば、御前の池、遣水も、水草ゐ、咽びて、心も行かぬやうなり。さまざまに、然ばかり植ゑ集め、作ろはせ給ひし前栽、植木どもも、心に任せて生ひ上り、庭も淺茅が原になりて、哀れに心細し。宮は哀れにいみじと思召しながら、暮闇にて過ぐさせ給ふにも、昔の御有樣戀しう悲しうて、御直衣の袖もしぼりあへさ

せ給はず。生きながら身を變へさせ給ふやうなるぞ、哀れにかたじけなき。源氏の大臣の、有るが中の、弟の女君の、五六ばかりにおはするは、大臣の御兄弟の十五の宮の、御女もおはせざりければ、迎へ取り奉り給ひて、姫宮とて、かしづき奉り給ひて、養ひ奉り給ふ。其れにつけても、いと哀れなるものは世なりけり。御匣殿は法師になり給へりとぞ聞ゆめる。はかなく月日も過ぎて、帝限りあるにや、帝降りさせ給ふとて罵しる。安和二年八月十三日なり。帝降りさせ給ひぬれば、東宮位に即かせ給ひぬ。御年十一なり。東宮には、降り居の帝の御子の兒宮居させ給ひぬ。伊尹の大納言の御幸ひいみじくおはします。降り居の帝は冷泉院にぞおはします。されば冷泉院と聞えさす。春宮の御年二歳なり。太政大臣、攝政の宣旨かうぶり給ひぬ。師尹の大臣は左大臣にておはす。御禊、大嘗會などもいと近うなれば、世の人騒ぎ立ちたり。斯かる程に、小一條の左大臣日頃惱み給ひける。十月十五日、御年五十にて亡せさせ給ひぬと罵しる。宣耀殿の女御、男君達より初めて、萬づに思し惑ふ。今の攝政殿の御兄弟なれば、御服にならせ給へば、大嘗會の折の事を、いと口惜しう思せど、などてか、御弟なれば一月の御服こそ有らめなど定めさせ給ふも、哀れなる世の中なり。例の有様の事どもありて、はかなく年も暮れぬれば、今の上、幼におはしませば、晦日の追儺に、殿上人振り鼓などして參らせたれば、上振り興ぜさせ給ふもをかし。朔日になりぬれば、天祿元年と云ふ。珍らしき御有様に添へて、空の氣色もいと心殊なり。小一條の大臣の御代りの左大臣には、在衡の大臣なり給へるを、はかなく惱み給ひて、正月二十七日亡せ給ひぬ。御年七十八。年の初めに、いと怪しき事

なり。然るべき殿ばら御嘆みあり。右大臣には伊尹の大臣おはす。攝政殿も、怪しう風起りがちにておはしまして、内にも容易く參り給はず。如何なるにかと思召す。小野の宮の大臣非常の事もおはしまさば、此一條の大臣世は知らせ給ふべしとぞ、然るべき人人忍びつつ參る。此太政大臣の二郎は只今の左大將にて、賴忠とておはす。攝政殿の御惱みいと重くおはしまして、實やかに苦しうなりもておはしまし、御年なども衰へ給へれば、人如何にとぞ申し思へる。御兄弟の殿ばらは、亡せもておはしにたるに、斯く久しく世を保たせ給へるも、いと怖ろし。萬つ御心のままに慎ませ給ふ。世に擧りて騷げども、人の御命は術無き事なれば、五月十八日に亡せ給ひぬ。後の御諡謙德公と聞ゆ。左大將賴忠に世をも讓り聞え給はで、在りのままにて亡せさせ給ひぬる、御心ざまいと有り難し。御年七十一にぞならせ給ひける。哀れに悲しき世のありさまなり。七月十四日、師氏の大納言亡せ給ひぬ。貞信公の御子、男君四郎おはしける、皆亡せ給ひぬ。御年五十五にぞおはしましける。斯かる程に、五月二十日、一條の大臣、攝政の宣旨蒙り給ひて、一天下は我が御心におはします。東宮の御祖父、帝の御叔父にて、いといと有るべき限りの御おぼえにて、過ぐさせ給ふ。この御有樣につけても、九條殿の御有樣のみぞ猶いとめでたかりける。左大臣に源氏の兼明と聞ゆる、なり給ひぬ。是れも醍醐の帝の御子におはして、姓得て、大臣にておはしつるなり。御手をえも云はず書き給ふ。道風など云ひける手をこそは、世にめでたきものに云ふめれど、是れは、いとなまめかしう、をかしげに書かせ給へり。右大臣には、小野の宮の大臣の御子賴忠なり給ひぬ。斯く云ふ程に、天祿二年に

なりにけり。帝御年十三にならせ給ひにければ、御元服の事ありけり。九條殿の御次郎君とあるは、今の攝政殿の御弟次なり。兼通と聞ゆ。此頃宮内卿と聞ゆ。その御姫君參らせ奉り給ふ。攝政殿の姫君達は、まだいと稚くおはすれば、え參らせ給はず。いと心もとなく、口惜しく思さるべし。宮内卿は堀河なる家をいみじく造りてぞ住ませ給ひける。女御いとをかしげにおはしければ、上いと若き御心なれど、思ひ聞えさせ給へり。内には、一つ御腹の女九の宮、先帝いみじう思ひ聞え給へりしを、この今の上も、いみじう思ひ交し聞えさせ給ひて、一品になし奉り給へり。内のいと寂寂しきに、をかしくておはします。女十の宮、この御時に齋院に居させ給ひにけり。九條殿の御三郎、兼家の中納言と聞ゆる、いみじうかしづき立てて姫君二所おはす。只今の東宮は兒におはします。内には堀河の女御侍ひ給ふ。齋ひたるやうなりとて、冷泉院に、この姫君を參らせ奉り給ふを、仕違へたる事に、世の人申し思へり。攝政殿の女御と聞ゆるは、東宮の御母女御におはす。その御一つ腹に、女宮二所生れ給ひにけり。されど女一の宮は、程無く亡せさせ給ひて、女二の宮ぞおはしましける。其れは、院の位におはしまし折ならねど、後に生れ給へり。いみじう美くしげに、光るやうにておはしましける。春宮斯くておはしませば、時時こそ見奉りにも參らせ給へ。唯だ此姫君を、萬づの慰めに思召したり。斯かる程に、かの村上の先帝の御男八の宮、宣耀殿の女御の御腹の御子におはします。いと美くしうおはしませど、怪しう御心ばへぞ心得ぬやうに生ひ出で給ふめる。御叔父の濟時の君、今は宰相にておはするぞ萬づにあつかひ聞え給ひて、小一條の寢殿におはするに、この宰相は、

枇杷の大納言延光の女にぞ住み給ひける。母は中納言敦忠の御女なり。えも云はず美くしき姫君、捧げ物にしてかしづき給ふ。かの八の宮は、母女御も亡せ給ひにしかば、この小一條の宰相のみぞ萬づに扱ひ聞え給ふに、まだ稚き程におはすれど、この八の宮いと煩はしき程に思ひ聞え給へれば、ゆゆしうて、敢へて見せ奉り給はずなりにたり。稚き程は、美くしき御心ならで、うたて僻僻しく痴ればみて、又さすがに、斯やうの御心さへおはするを、いと心づき無しと思しけり。宰相の御甥の實方の侍從も、この宰相を親に爲奉り給ふ。この姫君の御兄にて、男君を長命君と云ひておはす。叔母北の方取り放ちて、枇杷殿にてぞ養ひ奉り給ひける。その君達も、唯だ此宮をぞもて笑ひぐさに爲奉り給ひければ、ともすれば打ち怨み給ふを、いとど迂愚がましき事に笑ひ奉り給へるに、憎さは、姫君をいとめでたきものに見奉り給ひて、常に參り寄り給ひけるを、宰相むげに心づき無しと思しなりにけり。この八の宮十二ばかりにぞなり給ひにける。この御心ざまの心得ぬ歎きをぞ宰相はいみじう思したる。實方侍從、長命君など集まりて、馬に乘り慣らはせ給へ、乘らせ給はぬはいと惡しき事なり。宮達は、然るべき折折は、馬にてこそ歩りかせ給はめとて、御厩の御馬召し出でて、御前にて乘せ奉りて、ざざと見騒げば、面いと赤くなりて、馬の背中にひれ伏し給へば、いみじう笑ひ喧騒るを、宰相かたはら痛しと思すに、抱き下ろし奉れ、怖ろしと思すらんとのたまへば、ざざと笑ひ喧騒りて、抱き下ろし奉りたれば、馬の髮を一口含みておはするを、宰相いとわびしと見給ふ。女房達など笑ひ喧騒る。斯かる程に、冷泉院の后の宮、御子もおはしまさず、徒然なるを、この八の宮子に爲奉り

て、通はし奉らんとなんのたまはすると云ふ事を、宰相傳へ聞き給ひて、いといと嬉しうめでたき事ならん。かの宮は寶いと多く持たせ給へる宮なり。故朱雀院の御寶物は、唯だ此宮にのみこそは有なれ。此宮は幸福おはする宮なり。寶の王になり給ひなんとすとて、吉き日して參り初めさせ給へり。中宮、然りとも、かの宮、小一條の宰相數へ立てたらん心の程、こよ無からんと思して、迎へ奉らせ給ふ。宰相いみじう爲たてて奉り給へれば、見奉り給ふに、御容憎げも無し。御髪などいとをかしげにて、腰ばかりにおはします。美くしき御直衣姿なりや。やがて喚び入れ奉らせ給ひて、南面の日の御座の方にかしづき据ゑ奉らせ給ふ。御供の人人に、被け物賜ひ、御贈物などして、返し奉らせ給ふ。ものなど申させ給ひけるに、すべて御答無くて、唯だ御顔のみ赤みければ、限り無く貴に、寛厚におはするなめりと思ほしけり。その後、時時參り給ふに、猶物のたまはず。怪しう思召す程に、后の宮惱ましうせさせ給ひければ、宰相、宮の御訪らひに出だし奉らせ給ふ。參りては如何が云ふべきとのたまはすれば、御惱みの由承りてなんとこそは申し給はめなど教へられて參り給へれば、例の喚び入れ奉り給ふに、有りつる事を、いと能くのたまはすれば、宮惱ましう思せど、愛くしう思召して、然はのどかに又おはせよなど聞えさせ給ふ。退かで給ひて、宰相に有りつる事いと能く云ひつとのたまへば、いで、あな癡れがましや、いと心づき無う思して、如何で云ひつとは申し給ふぞ、其れはかたじけなき人をと聞え給へば、をいをい、然なり然なりとのたまふ程、いたはり所無う、心憂く見えさせ給ふを、わびしう思す程に、天祿三年になりぬ。朔日にはかの宮御裝束めでたく爲立てて、

宮へ參らせ奉り給ふ。聞え給ふべき事を、此度は忘れて、數へ奉り給はずなりにけり。宮には八の宮參らせ給ひて、御帳にて拜し奉り給へば、いといと哀れに美くしと見奉らせ給ふ。心殊に御前など參り、然るべき女房達など、華やかに裝束ぎつつ出で居て、入らせ給へと申せば、打振舞ひ入らせ給ふ程、いと美くしければ、あな美くしやなど、愛で聞ゆる程に、茵にいと麗はしく居させ給ひて、何事を聞え給ふべきにかと、集まりて扇を差し隱しつつ、押し凝りて、皆居並みて、且つはあな恥かしや、小一條の姫君の御方のいみじからんものをなど、口口聞えあへる程に、打聲作りて申し出で給ふことぞかし。いとあやし、御惱みの由承りてなん參りつることと申し給ふものか。去年の御惱みの折に參り給へりしに、宰相の數へ聞え給ひしことを、正月の朔日の拜禮に參りて申し給ふなりけり。宮の御前、惘れて物ものたまはせぬに、女房達何と無くさと笑ふ。世語りにも語つべき宮の御言葉かなと私語き、忍びも敢へず笑ひののしれば、いとはしたなく、顏赤みて居給ひて、いなや、をぢの宰相の、去年の御心地の折參りしかば、斯う申せと云ひしことを、今日は云へば、など是れが可笑しからん、物笑ひ譏うしける女房達多かりける宮かな、益無し、參らじと、打むづかりて退かで給ふ有樣、あさましう可笑しうなん。小一條におはして、あさましきことこそありつれと語り給へば、宰相何事にかと聞え給へば、今は宮にすべて參らじ、唯だ殺しに殺されよとのたまはすれば、否や、如何に侍りつることぞと聞え給へば、御惱の由承りてなん參りつると申しつれば、女房の十廿人と出で居て、ほほと笑ふぞや、いとこそ腹立たしかりつれ、されば急ぎ出でできぬとのたまへば、殿いとあさましう、いみ

じと思して、すべて物のたまはず。否や、とも斯くものたまはぬは儘が悪しう云ひたる事か、去年參りしにさ申せとのたまひしかば、其れを忘れず申したるは、いづくの惡しきぞとのたまふを、いみじと思し入りためり。

花山

斯くて、一條攝政殿の御心地例ならずのみおはしまして、水をのみ聞し召せど、御年もまだいと若うおはしまし、世を知らせ給ひても三年になりぬれば、然りとも賴み思さるる程に、月頃にならせ給ひぬ。內に參らせ給ふことなども絶えぬ。世の歎きと爲たり。九月ばかりの程なり。殿の御訪らひに、御子の義孝の少將の御許に、人の、御心地如何がと訪らひ聞えたれば、少將云ひ遣り給ふ。

夕まぐれ木繁き庭をながめつつ木の葉とともに落つる淚か

斯やうに、如何に如何にと、一家思し歎く程に、天祿三年十一月の一日かくれ給ひぬ。さまざま女御より初め奉り、女君達、前少將、後少將など聞ゆる、哀れに思し惑ふとも世の常なり。其中にも、後少將は、稚くより、いみじう道心おはして、法華經を明暮讀み奉り給ひて、法師にやなりなましとのみ思さるるに、桃園の中納言保光と聞ゆるは、故中務卿の宮代明親王の御子におはす。その御女君に年頃通ひ聞え給ふに美くしき男子をぞ生ませ給へりける。其れが見捨て難きに、萬づを思し忍ぶなりけり。斯くて御忌の程、何事も哀

れにて過ぐさせ給ひつ。御法事など有べい限りにて過ぎぬ。今はとて人人まかづるに、義孝の少將の詠み給ふ。

今はとて飛び別れぬる群鳥の舊巣に獨なかむべきかな

修理の大夫惟正返し、

初ならぬ鳥となりては契るとも人忘れずばかれじとぞ思ふ

攝政殿は今年ぞ四十九におはしましける。太政大臣にて亡せさせ給ひぬれば、後の諱を謙徳公と聞ゆ。斯くて攝政には、又この大臣の御弟次の九條殿の、御二郎内大臣兼通の大臣なり給ひぬ。斯かる程に、年號更りて天延元年と云ふ。萬づにめでたくおはします。女御いつしか后にと思し急ぎたり。初めの攝政殿の、東宮の御世の事を見果て給はずなりぬることをぞ世の人も哀れがり聞えける。斯くて、その年の七月一日、攝政殿の女御、后に居させ給ひぬ。中宮と聞えさす。初めの冷泉院の中宮をば皇太后宮と聞えさす。中宮の御有樣いみじうめでたう、世は斯うぞ有らまほしきと見えさせ給ふ。帝、一品の宮の御方、中宮の御方など通ひ歩りかせ給ふ。内渡り、すべて今めかし。堀河殿とぞ此攝政殿をば聞えさする。今は關白殿とぞ聞えさすめる。その御男君達四五人おはして、いと今めかしう、世に遇ひ、めでたげに思したり。九條殿の三郎君は、此頃、東三條の右大將大納言など聞ゆ。冷泉院の女御、いと時めかせ給ふを、嬉しき事に思召さるべし。中姫君の御事を如何でと思召す程に、上の御氣色ありて宣はすれば、如何でと思さるれど、此關白殿、もとより此二

所の御中宜しからずとのみおはしますに、中宮斯くて侍はせ給へば、慎ましく思さるるなるべし。斯かる程に、天延二年になりぬ。關白殿、太政大臣にならせ給ひぬ。並ぶ人無き御有樣につけても、唯だ九條殿の御事をのみ世に聞えさす。小野の宮殿の御二郎頼忠の大臣、此關白殿の御中いと善くおはしければ、萬づの政、聞え合せてぞ爲させ給ひける。今年は世の中に、裳瘡と云ふもの出で來て、四方八方の人、上下病みののしるに、公卿、いといみじき事と思へり。やんごと無き男女、亡せ給ふ類ひ多かりと聞ゆる中にも、前攝政殿の前少將、後少將同じ日打續き亡せ給ひて、母北の方哀れにいみじう思し歎くことを、世の中の哀れなる事の例には云ひののしりたり。形容び盡すべくもあらず。この東三條殿、關白殿との御中殊に惡しきを、世の人怪しき事に思ひ聞えたり。如何で此大將を亡くなしてばやとぞ、御心にかかりて大殿は思しけれど、如何でかは。東三條殿は、猶如何で、此中姫君を内に參らせん、云ひもて行けば、何の怖ろしかるべきぞと思し取りて、人知れず思し急ぎけり。されど其氣色、人に見せ聞かせ給はず、この堀河殿と東三條殿とは、唯だ閑院をぞ隔てたりければ、東三條に參る馬、車をも、大殿には、其れ參りたり、彼れ參づなりと云ふことを聞し召して、それかれこそ追從する者は有なれなど、癖癖しくのたまはすれば、いと怖ろしき事にて、夜などぞ忍びて參る人もありける。然るべき佛神の御催しにや、東三條殿、猶如何で今日明日も此女君參らせんなど思し立つと、自ら大殿聞し召して、いと目覺ましき事なり、中宮の斯くておはしますに、この大納言の斯く思ひ掲くるも、あさましうこそ。いかに萬づに我を詛ふらんなど云ふことさへ、常にのたまはせけ

れば、大納言殿、いと如ほしく、思し絶えて、然りとも自らと思しけり。はかなく年も變りぬ。貞元元年丙子の年と云ふ。かの花山院の女御と聞ゆるは、東三條の大將の御姫君なり。去年の夏より、唯だにもおはしまさざりけるを、三月ばかりに當らせ給ひて、この御祈りなど、いみじう臨させ給ふを、大殿聞し召して、東三條の大將は院の女御男御子生み給へ、世の中擬へんとこそ云ふなれなど、聞き憎き事をさへのたまはせければ、むづかしう煩しと思しながら、然りとて任せ聞えさすべき事ならねば、いみじう祈り騒がせ給ひけり。さて御産ばかりに、いとめでたき男御子生れ給へり。院いと物狂ほしき御心にも、御覽におはします時は、いと嬉しき事に思召して、萬づに知りあつかひ聞えさせ給ひけり。太政大臣聞し召して、いはれめでたしや、東三條の大將は院の二の宮え奉りて、思ひたらん氣色、思ふこそめでたけれなど、いとこましげに思しのたまふを、大將殿は、怪しう生憎なる心附い給へる人にこそと、安からずぞ思しける。斯かる程に、内も燒けぬれば、帝のおはします所見苦しとて、堀河殿をいみじう造り磨き給ひて、内裏のやうに造りなして、内出で來るまではおはしまさせんと、急がせ給ふなりけり。貞元二年三月二十六日堀河院に行幸あるべければ、天下急ぎ滿ちたり。その日になりて渡らせ給ふ。中宮もやがてその夜移りおはしまして、堀河の院を今内裏と云ひて、世にめでたう罵りたり。大殿思すやう、世の中もはかなきに、如何でこの右大臣今少し昇し上げて、我が代りの職をも讓らんと思ひ立ちて、只今の左大臣兼明の大臣と聞ゆるは、延喜の帝の御十六の宮におはします、それ御心地惱ましげなりと聞し召して、もとの親王に爲し奉らせ給ひつ、さ

て左大臣には小野の宮の賴忠の大臣を爲し奉り給ひつ。右大臣には雅信の大納言なり給ひぬ。斯かる程に、堀河殿御心地いと惱ましう思されて、御心の中に思しけるやう、如何で、この東三條の大將、我が命も知らず、無きやうに爲なして、この左の大臣を我が次の一の人にて有らせんと思す心ありて、帝に常に、この右大將兼家は冷泉院の御子を持ち奉りて、ともすれば、是れを是れをと云ひ思ひ祈りすることと云ひつけ給ひて、帝は、堀河の院におはしましければ、我は惱ましとて、里におはしますに、理無くて參らせ給ひて、この東三條の大將の不能を奏し給ひて、斯かる人は、世に在りては、公の御爲めに大事出で來侍りなん、斯やうの人は戒めたるこそ善けれなど、奏し給ひて、貞元二年十月十一日、大納言の大將を取り奉り給ひて、治部卿に爲し奉り給ひつ。無官の定に爲し留えまほしけれど、さすがに、其事と然したる事の無ければ、思し餘りて、斯くまでも爲し聞え給へるなりけり。御心の儘にだにもあらば、いみじき筑紫九國までもと思せど、過ち無ければなりけり。御代りの大將には小一條の大臣の御子の濟時の中納言なり給ひぬ。東三條の治部卿は、御門閉ぢて、あさましういみじき世の中を、妬たう理無く思し咽びたり。家の子の君達は、出で交らひ給はず、世をあさましきものに思されたり。斯かる程に堀河殿、御心地いと重りて、賴もしげ無き由を世に申す。先いつ頃內に參らせ給ひて、東三條の大將をば無くなし奉り給ひてき。今一度とて、內に參らせ給ひて、萬づを奏し固めて、出でさせ給ひにけり。何事ならんとゆかしけれど、また音無し。斯くて十一月四日、准三宮の位にならせ給ひぬ。同月八日亡せ給ひぬ。御年五十三なり。忠義公と御諱を聞ゆ。哀れにいみ

じ。斯く幾ばくもおはしまさゞりけるに、東三條の大納言を、あさましう歎かせ奉り給ひけるも心憂し。小野の宮の頼忠の大臣に世をば讓るべき由、一日奏し給ひしかば、そのまゝにと帝思召して、同じ月の十一日、關白の宣旨蒙り給ひて、世の中皆移りぬ。あさましく思はずなる事に、世に申し思へり。中宮恥づに思し歎く。朝光の權大納言、顯光の中納言など、哀れに思し惑ふ。東三條殿の院の女御は、去年生れ給ひし男御子に、又今年もさし續きて同じやうにて生れ給へるにつけても、猶いと行末頼もしげに見えさせ給ふ。堀河殿の後後の事ども、例の如し。かくて年も更りぬ。左の大臣の御樣、いといとめでたし。大姫君を、如何で内に參らせ奉らんと思す。はかなくて月日も過ぎて、冬になりぬ。年號更りて天元元年と云ふ。十月二日除目ありて、關白殿、太政大臣にならせ給ひぬ。左大臣に雅信の大臣なり給ひぬ。東三條殿の罪もおはせぬを、かく怪しくておはする、心得ぬ事なれば、太政大臣たびたび奏し給ひて、やがてこの度右大臣になり給ひぬ。是れは唯だ佛神の爲給ふと思さるべし。内には中宮のおはしませば、誰も誰も思し憚れど、堀河殿の御心掟の、あさましく心づき無さに、東三條の大臣、中宮に怖ぢ奉り給はず、中姫君參らせ奉り給ふ。大殿の姫君をこそ先づと思しつれど、堀河殿の御心を思し憚る程に、右の大臣は愼ましからず思し立ちて參らせ奉り給ふ。道理に見えたり。參らせ給へる甲斐ありて只今はいと時におはします。中宮を斯く愼ましからず、蔑ろにもてなし聞え給ふも、昔の御情無さを思ひ給ふにこそはと、道理に思さる。東三條の女御は梅壺に住ませ給ふ。御有樣愛敬づき、氣近く美くしうおはします。御兄弟の君達、此頃ぞ愼ましげ無う歩りき給ふ

ある。院の女御、男御子三所にならせ給ひぬ。猶いと頼もしげなる御有樣なり。斯かる程に天元二年になりぬ。梅壺いみじう時めかせ給ふ。中宮、月頃御心地怪しう惱ましう思召されて、萬づ宮司も、また公よりも、御祈りの事、さまざまにいみじけれど、六月二日亡せさせ給ひぬ。御年三十三。あへなうあさましう、哀れにいみじう思し聞えさせ給へど甲斐無し。世の人例の口安からぬものなれば、東三條殿の御幸ひの始ずぞ、梅壺の女御、后に居給ふべきぞなど云ひ喧騒る。かくて相撲も止まりて、世に物寂寂しう思ふべし。關白殿は、中宮の御事どもを行ひ聞え給ふ。只今の世の御後見にもおはします。堀河殿の御心をもさまざま思召し知り、何事をもあつかはせ給ふなるべし。權大納言、中納言など、いみじう思し歎き給ふ。斯やうにて過ぎもて行くに、其冬、關白殿の姫君、内に參らせ奉り給ふ。世の一の所におはしませば、いみじうめでたき中に、殿の御有樣なども、奥深く、心憎くおはします。梅壺は、大かたの御心、有樣、氣近くをかしくおはしますに、此度の女御は、少し御おぼえの程や如何にと見え聞ゆれど、只今の御有樣に、上も從はせ給へば、疎かならず思ひ聞えさせ給ふなるべし。如何にしたる事にか、斯かる程に、梅壺例ならず惱ましげに思したれば、父大臣如何に如何にと、恐ろしう聞えさせ給へば、唯だにもおはしまさぬなりけり。世も煩はしければ、一二月は忍ばせ給へど、さりとて隱れあるべき事ならねば、三月にて奏せさせ給ふに、帝いみじう嬉しう思召さるべし。一品の宮も、梅壺をば御心寄せ思ひ聞えさせ給へれば、いと嬉しう甲斐あるさまに思し聞えさせ給ふ。里に出でさせ給はんとするを、上いと隔心たう、理無く思召しながら、然て有るべき事ならねば、出で

させ給ふ程の御有樣、云へば疎かなり。然べき上達部、殿上人、皆殘り無う仕うまつり給ふ。世は皆この東三條殿に留まりぬべきなめりと見え聞えたり。上も年頃にならせ給ひぬれば、今は降りさせ給はまほしけれど、如何にも如何にも御子のおはさぬ事を、いみじう思し歎くに、男女の御樣は知らず、唯ならずおはしますを、世に嬉しき事に思召して、然べき御祈りども數を盡させ給ふ。長日の御修法、御讀經など、内方よりも始めさせ給ひ、すべて斯からんには、如何でかと見えさせ給ふ。關白殿、いと世の中を結ぼほれ、すずろはしく思さるべし。然ばれ、とありとも斯かりとも、我れあらば、女御をば何にも譲り奉りてん思召すべし。はかなくて天元三年庚辰の年になりぬ。三四月ばかりにぞ御産のやうにおはしますべければと、その御用意ども限り無し。内藏寮に、御祓よりも初め、白き御裝束どもも仕うまつる。殿にも急がせ給ふ。只今世にめでたき事の例になりぬべし。内より、夜晝分かぬ御使隙無し。まことに道理に見えさせ給ふ。いつしかとのみ思召す程に、五月の晦日より御氣色ありて、其月を經て、六月一日寅の時に、えも云はぬ男御子平らかに、聊か惱ませ給ふ事も無く、生れさせ給へり。内に先づ奏せ給へれば、御劒など持て參る程で、えも云はずめでたき御氣色なりや。七日の程の御有樣、思ひ遣るべし。東三條の御門の邊りには、年頃だに容易く人殘らざりつるに、院の宮達の三所おはしますだに、疎かならぬ殿の内を、況いて今上一の宮のおはしませば、いと道理にて、何れの人も萬づに參り集く。御兄弟の君達、年頃の御心地むつかしう結ぼほれ給へりける紐解き、いみじき御心地ども晴させ給ふ。斯かる程に、又今年内裏燒けぬ。帝、閑院に渡らせ給

ふ。閑院は、故堀河殿の御領にて、朝光の大納言ぞ住み給ひける。外に渡り給ひぬ。斯くて關白殿の女御侍はせ給へど、御姙みの氣無し。大臣いみじう口惜しう思し歎くべし。帝はいつしかと、いみじうゆかしう思ひ聞えさせ給へば、御子忍びて參らせ給へとあれど、世の人の御心ざまも怖ろしうて、すがすがしうも思し立たず。今年如何なるにか、大風吹き、地震などさへ頻りて、いと氣疎ましき事のみあれば、上は、若宮の御祈におはします事を、いとど後めたう思し宣はすれど、然りとて、内の狹きに、おはしますべきにあらねば、唯だ如何に如何にとのみ、夜晝分かぬ御使あり。御五十日や、百日など過ぐさせ給ひて、いみじう愛くしうおはします。東三條に行幸あらまほしう思せど、太政大臣の御心に思し憚らせ給ふなるべし。帝の御心、いと美はしうめでたうおはしませど、雄雄しき方やおはしまさざらんとぞ、世の人申し思ひたる。東三條の大臣は、世の中を御心の中に、爲据して思すべかめれど、猶打解けぬやうに、御心用ひぞ見えさせ給ふ。帝の御心強からず、如何にぞやおはしますを見奉らせ給へればなるべし。斯かる程に天元四年になりぬ。帝、御心の中の御願などやおはしましけん。賀茂、平野などに、二月の行幸あり。御子の御祈りなどにこそはと道理に見えさせ給ふ。帝、今は御子も生れさせ給へり、如何で降りなんとのみ思し急がせ給ふ。梅壺の女御の里がちにおはしますを、安からぬ事に上思召せど、大臣我か一人の人にあらぬを、何かはなど思召すなりけり。堀河の大臣おはせし時、今の東宮の御妹の、女二の宮參らせ給へりしかば、いみじう美くしう持て興じ給ひしを、參らせ給ひて程も無く内など燒けにしかば、火の宮と世の人申し思ひたりし程に、いとはかなう

亡せ給ひしになん。帝、太政大臣の御心に違はせ給はじと思召して、この女御、后に据ゑ奉らんとのたまはすれど、大臣生憎ましうて、一の御子生れ給へる梅壺を置きて、この女御の居給はんを、世の人如何にかは云ひ思ふべからんと、人敵は取らぬこそ善けれなど、思しつつ過ぐし給へば、などてか梅壺は、今は、とありとも斯かりとも、必ずの后なり、世も定め無きに、この女御の事をこそ急がれめと、常に宣はすれば、嬉しうて、人知れず思し急ぐ程に、今年も立ちぬれば、口惜しう思召す。斯かる事ども滞り聞えて、右の大臣、内に參らせ給ふこと難し。女御の御兄弟の君達なども、況いてさし出で給はず。女御も御心解けたる御氣色も無ければ、一品の宮は世に云ふ事を滞り聞き給ひて、然樣に思したるにこそと、世を心づき無く思し聞えさせ給ふべし。はかなく年も復りぬ。正月に庚申出で来たれば、東三條殿の院の女御の御方にも、梅壺の女御の御方にも、若き人人、年の初めの庚申なり、爲させ給へと申せば、然はとて、御方方皆爲させ給ふ。男君達、この女御達の御兄弟三所ぞおはします。いと興ある事なり。いと好し、此方彼方と參らん程に、夜も明けなんなどのたまひて、さまざまの事どもして御覽ぜさせ給ふに、歌や何やと心ばへをかしき御方方の有樣より初め、女房達、碁、雙六の程の氣色も、いとをかしくて、この君達のおはせざらましかば、今宵の眠り覺ましは無からましなど聞え思ひて、度度鷄も鳴きぬ。院の女御、曉方に、御脇息に押し掛かりておはしますほどに、やがて大殿籠り入りにけり。今更になど、人人聞えさすれば、鷄も鳴きぬれば、今は然はれ、な驚かし聞えさせそなど、人人聞えさするに、はかなき歌ども、聞えさせ給はんとて、此男君たち、やや、

物けたまはる、今更に、何かは大殿籠る、起きさせ給へと聞えさするに、すべて御答も無く、驚かせ給はねば、寄りて、やゝと聞えさせ給ふ。殊の外に見えさせ給へれば、引き驚かし奉り給ふに、やがて冷えさせ給へれば、あさましうて、大殿油取り寄せて、見奉らせ給へば、亡せさせ給へるなりけり。あなあさましやとも、云ひやらん方無く思されて、殿に先づ、斯う斯うの事侯ふと申させ給ふに、すべて物も覺えさせ給はで、惑ひおはしまして、見奉らせ給ふに、あさましくいみじければ、抱へて、唯だ伏し轉び惑はせ給ふ。殿の内響みて喧騒りたり。然べき僧ども召しのゝしり、萬づの御誦經、所所に走らせ給へど、つゆ甲斐無くて、かき伏せ奉らせ給ひつ。白き綾の御衣四つばかりに紅梅の御衣ばかり奉りて、御髪長く美くしうて、かい添へて伏させ給へり。唯だ大殿籠りたると見えさせ給ふ。殿いみじう愛しきものに思ひ聞えさせ給へれば、唯だ思ひやるべし。宮達のいと稚くおはしますなど、萬づ思し續け惑はせ思ふ。冷泉院に聞し召して、あさましう哀れに、心憂き事に思召す。猶是れも、かの御物の怪の仕つるとぞ思されける。萬づの御弔らひにつけても、いと生憎に思し惑はる。ゆゆしき事どもなれど、すべて然べうおはしますと見えさせ給ふも、悲しういみじう思さるれど、然てのみやはとて、後後の御事ども、例の作法に思し掟てさせ給ふにつけても、殿は唯だ御涙に溺れてぞ過ぐさせ給ふ。あさましう果敢なき世とも疎かなり。御忌のほど、あさましういみじうて過ぐさせ給ふにつけても、今は女御の御有様、いと怖しう思召して、女御殿と若宮とは、外にわたし奉らせ給ひて、世ははかなしと雖も、未だ斯かる事は見聞えざりつる御有様なりや。宮宮の何事も思したらぬをい

と悲しう思されけり。斯かる程に、今年は天元五年になりぬ。三月十一日、中宮立ち給はんとて、太政大臣急ぎ騒がせ給ふ。是れにつけても、右の大臣あさましうのみ萬づ聞し召さるる程に、后立たせ給ひぬ。云へば疎かにめでたし。太政大臣の御心も道理なり。帝の御心おきてを、世人も、目もあやに、あさましき事に申し思へり。一の御子おはする女御を置きながら、斯く御子もおはせぬ女御の、后に居給ひぬる事、安からぬ事に、世人傾み申して、素腹の后とぞ附け奉りたりける。されど斯くて居させ給ひぬるのみこそめでたけれ。東三條の大臣、命あらばとは思しながら、猶胸かずあさましきことに思召す。院の女御の御事を思し歎くに、又この御事を世人も見思ふらん事と、なべての世さへ、めづらかに思召して、かの堀河の大臣の御しわざは何にかはありける。此度の帝の御心おきては、ゆゆしう心憂く、思ひ聞えさせ給ふも理かなり。斯ばかりの人笑はれにて、世に在らでも有らばやと思しながら、さりとも斯うて止むやう有らじ、人の有様をば我こそは見はてめと、強う思して、女御の御事の後、いとど御門鎖しがちにて、男君達、すべて然べき事どもにも、出で交らはせ給はず。内の御使、女御殿に日日に参れど、二三度が中に、御返事は一度などぞ聞えさせ給ひける。一品の宮も、いと心憂き事に思し申させ給ふ。若宮の愛くしうおはしますらんも、今年は三歳にならせ給へば、秋つ方、御袴着の事あるべう、内には、作物所に、御具ども造らせ給ふ。その御事ども、思し設けさせ給ふべし。院の女御の御後の事ども、聞し棄てさせ給ひて、御後に思さるる様には、唯だこの宮達の御あつかひを為させ給ふ。この殿は、上もおはせねば、この女御殿の御方に侍ひつる、大輔と云

ふ人を使ひつけさせ給ひて、いみじう思し時めかし使はせ給ひければ、殿の北の方にてめでたし。院の二三四の宮の御乳母達、大貳の乳母、少輔の乳母、民部の乳母、衞門の乳母、何くれなど、いと多く侍ふに、御目も見たてさせ給はぬに、唯だこの大輔をいみじきものにぞ思召したる。梅壺の女御の御氣色も慎ましう思されて、内には若宮の御袴着の事を、御心の限り、思し急がせ給ふもさすがなり。それは女御の御爲めに疎かにおはしますにはあらで、太政大臣をいと恐ろしきものに思ひ聞えさせ給ふなりけり。この冬若宮の御袴着は、東三條院にて有るべう思し掟てさせ給ふを、内には、などてか、内にてこそと思し宣はせて、師走ばかりにと、急ぎ立たせ給ふ。女御も參り給ひて、三日ばかり侍はせ給ふべし。さていみじう急ぎ立たせ給ひて、其日になりて參らせ給ひぬ。その程の儀式、有樣、思ひやるべし。上この御子を見奉り給ふが、いみじう美くしければ、この女御の御爲めに疎かなるやうに見えんは罪得らんかし、斯ばかり美くしうめでたくて、我が御後見給ふべき人をと思召して、いみじき事どもを語らせ給ひ、女御をも夜さつに申させ給へど、心解けたる御氣色にもあらぬを口惜しく思召す。御袴奉りたる御有樣、云はん方無く美くしうおはします。上の女房など見奉りて、上の御稚兒生ひ唯だ斯うぞおはしまししなど、老いたる人人は聞えさせあへり。一品の宮の御方に、上、若宮抱き奉らせ給ひておはしましたれば、いみじう持て興じ聞えさせ給ふ。この御爲めに疎かにおはします、いと惡しき事なりなど申させ給へば、いかでか疎かには侍らん、おのづから侍るなりなど聞えさせ給ふ。さまざまの御贈物めでたくておはしましぬ。上達部、殿上人、女房などの、さまざまめで

たき事ども、細かにいみじう爲させ給ひて、四日と云ふ曉に、女御も、若宮も、出でさせ給ふ。上いみじう留め奉らせ給へど、今、此頃過ぐして、心のどかにとて、出でさせ給へば、上いと飽かず思召さるべし。若宮の御有様を、いと戀しう、御心に掛りて思召す。右の大臣は、院の故女御の御はても、此月に爲させ給ふべければ、先づこの御務者の事を爲させ給へれば、今はこの二十餘日、御はて爲させ給ふ。哀れにいみじき御中を、あつかひ果てさせ給ひつ。斯かる程に、年號も更りて、永觀元年と云ふ。正月より初め、事ども世の常にて、過ぎもて行く。その事とある折こそ有れ、はかなく月日も過ぎもて行くに、若宮を心安くもあらずもてなし聞えさせ給ふを、内にも、いと苦しう思召すべし。上今は如何で降りなんとのみ思さるる中に、御物の怪も怖ろしう繁り起らせ給ふにも、冷泉院の御有様を怖ろしと思召さる。冷泉院は猶例の御心は少なくて、あさましくてのみ過ぐさせ給ふに、はかなくて永觀二年になりぬ。今年だに必ずと思召して、人知れず然るべきやうに思召さるべし。東三條の大臣、たはやすく參り給はぬを、いと怪しうのみ思しわたる。梅壺の女御の御許にも、猶若宮の御祈り、心殊に爲させ給ふ。斯くて、然るべきつかさかうぶりなど、多く寄せ奉らせ給ふ。時時の事どもはかなく過ぎもて行きて、七月の相撲も近くなれば、是れを若宮に見せ奉らばやと宣はすれど、大臣少しふさはぬやうにて、過ぐさせ給ふに、度度大臣參らせ給へと、内より召し有れど、みだり風邪など、さまざまの御障りどもを申させ給ひつつ、參らせ給はぬを、相撲近くなりて、頻りに參らせ給へと有れば、參り給へれば、いと細やかに御物語ありて、位に即きて今年十六年になりぬ、今まで有べ

うも思はざりつれど、月日の限りや有らん、斯く心より外に在るを、この月は相撲のこと有れば騒がしかるべければ、來月ばかりにとなん思ふを、東宮位に即き給ひなば、若宮をこそは春宮に据ゑめと思ふに、祈り所所に好く爲させ、思ひの如く有べう祈らすべし、疎かならぬ心の中を知らで、誰誰も、快からぬ氣色の有る、いと口惜しき事なり、數多あるをだに、人は、子をば、いみじきものにこそ思ふなれ、況して如何でか疎かに思はんなど、萬づ有るべき事ども仰せらるる、承はりて、畏まりて退かで給ひて、女御殿にも私語き申させ給ひて、大殿油召し寄せて、暦御覽じて、所所に御祈り使ども立ち騒ぐを、斯う斯うとのたまはせねど、殿の中の人人、氣色を見て思へるさま、云ふも疎かにめでたし。此家の子の君達、いみじう、えも云はぬ御氣色どもなり。さて相撲などにも、此君達參り給ふ。大臣の御心の中はればれしうて[亥?]らせ給ふ。斯くて八月になりぬれば、二十七日御讓位とて喧騒る。其日になりぬれば、帝は降りさせ給ひぬ。春宮は位に即かせ給ひぬ。春宮には梅壺の若宮居させ給ひぬ。云へば疎かにめでたし。世は斯うこそはと見え聞えたり。降り居の帝は堀河の院にぞおはしましける。今の帝の御年なども大人びさせ給ひ、御心おきても、いみじう色におはしまして、いつしかと、然べき人人の御女どもを氣色だち宣はす。太政大臣、この御代にも、やがて關白せさせ給ふ。中姫君、十月に參らせ給ふ。先づ外を拂ひ、我れ一の人にておはしませば、然は云へど、御心のままに思しおきつるも、有るべき事なりとぞ見えたる。御即位、大嘗會、御禊やなど、事ども過ぎて、少し心のどかになる程に、太政大臣急ぎ立ち參らせ奉り給ふ。女御の御有樣、仕うまつる人にも、七八年に

ならぬ限りは見えさせ給ふこと難ければ、とかくの御有様聞え難し。まさに悪ろうおはしまさんやは。斯くやんごとなくおはしませば、いといみじう時にしも見えさせ給はねど、大臣、后には我れあらばと思すべし。斯

斯かる程に、式部卿の宮の姫君いみじう美くしうおはしますと云ふ事を聞し召して、日日に御文あれば、斯ばかりの人を引き籠めてあるべきにあらずと思して、急ぎ立ち参らせ給ふ。故村上、いみじきものに思ひ聞え給ひし四の宮の、為平の御女の殿に生ませ給へる姫君にて、御中らひも、貴にめでたうて、姫君も、いと美くしうおはしますを、有べい限りにて参らせ給へれば、只今はいといみじう思ひ聞えさせ給へれば、甲斐ありてめでたし。只今は斯ばかりにておはしぬべきを、また朝光の大将の姫君参らせ給へと、急に責はすれば、如何かせましと思しやすらふに、東宮は稚児におはしませば、斯やうの方にもと思はんには、然は参らせ奉らんのみこそは善からめ、また此姫君を誰か疎かには思さんなど、思ほし立ち参らせ奉り給ふ。この大将殿は、堀河殿の三郎、有るか中にめでたきおぼえおはしき。今は世に捨てられ給はず。母上は九條殿の御女、登花殿の御尚侍の御腹に、延喜の帝の御子の、重明の式部卿の御女におはします。その姫君にて、世にをかしげなる御おぼえおはす。えも云はずめでたうおはすなれば、然りとも疎かならんやはとて、参らせ奉り給はんと思し立ちて、師走に参り給ふ。故堀河殿の御財寶は、この大将の御もとにぞ皆渡りにたる。故中宮の御物具どもも、唯た此殿をいみじきものに思ひ聞えさせ給へりければ、其れも皆此殿にぞ渡りにける。いみじうめでたくて参らせ給へり。この母君には、殿は、今は御心かはりて、枇杷の大納言延光の北の方は、

故敦忠權中納言の御女なり、其れに、大納言亡せ給ひて後は、おはし通ひて、この上をば、唯だ外人の樣にておはするに、男君達二人、この姫君とおはすれば、何事もやんごとなくぞ思ひ聞え給へれど、さやうの事は、同じ所にてあつかひ聞え給はんこそ善かんべけれ、よそよそには成らせ給へるが、かの枇杷の北の方、いみじう賢う物し給ふ人なり、この上は稚兒のやうにおはしければ、如何にとのみ世人云ひ思へり。小一條大將の北の方も、この枇杷の大納言の御女におはしければ、いと大人大人しき御處女の程などを、世人、內內には聞ゆべかめれど、大方大將の御おぼえのいといみじければ、人もえ聞えぬなるべし。御母ばかりとぞ云はれ給ひける。斯くて、女御參らせ給へれば、帝、さま惡しく時めかし聞え給ふ。時におはしつる宮の女御、御宿直この頃は貶され給へり。宮の女御、いでやなど、物むづかしう思召す程に、一月ばかり隙無う參う上らせ給ひ、此方に渡らせ給ひなどして、他人おはするやうにもあらず、もてなさせ給ふ。然は斯うにこそはと思ふ程に、年も復りぬ。元三日の程よりして、今めかしう爽やかなる御政どもにて、太政大臣も生さま惡しう、心得ぬことに思すべかめれど、世に從ふ御心にて、然て在り過ぐし給ふ程に、閑院の大將殿の女御の御宿直、怪しうかれがれになりて、果は上らせ給へと云ふ事、思ひ掛けずなりぬ。戲れの御消息だに絕えはてて、一二月になり行き、あさましう、如何にしつることぞなど、大將萬づに思し惑へど、甲斐無くて、人笑はれに、いみじき御有樣にて、同じ內におはします人のやうにもあらず成りはてぬれば、暫しこそあれ、人目も耻かしうて、すべ無くて退かで給ふを、聊か御出入をだに知らせ給はずなりぬ。目覺しう、いみ

じう心憂き事には、只今世に、此事より外に申し云ふこと無し。大將殿も、内へ參れば胸痛しとて、かき籠り居給ひぬ。世の例にも爲つべし。御祖母の北の方の、如何にし給ひつるにかとまで、世人申し思へり。帝の渡らせ給ふ打橋などに、人の如何なるわざをしたりけるにか、我れも上らせ給はず、上も渡らせ給はず。月もあやに珍らかにて、退かで給ひにしかば、其後然る事や有りしなど云ふ事、ゆめに無し。なにをかざみなども絶えて參り給はずなりぬ。世の例にもなりぬべし。斯くて又小一條の大將の御女、一條大納言の御女などに、夜晝分かぬ御文もて參れど、小一條の大將は、閑院の大將の女御の、おぼつかなからぬ程の御中らひにて、あさましく心憂しと思し絶えたれば、云ひ煩はせ給ひぬ。村上などは、十二十人の女御、御息所おはせしかど、時あるも時無きも、斜めに情ありて、分明ならずもてなさせ給ひしかばこそ有りしか、是れはいと事の外なる御有樣なれば、思し絶えぬるなるべし。一條の大納言は、母もおはせぬ姫君を、我が御懷にておほしたて奉り給へれば、萬づいと慎ましき世の御心用ひなれば、慎ましう思しながら、今の帝の御叔父義懷中納言は、かの一條大納言の大い君の御夫にて物し給ひければ、其れを便りにて、常に中納言を責めさせ給ふなりけり。さて漸う思はし立つなるべし。猶式部卿の宮の女御ぞ時めかせ給ふ。大殿の女御、初めよりなのめにて、なかなか樣好くおはします。一月に四夜五夜の御宿直は、絶えず同じやうなり。斯かる程に、一條の大納言の御姫君、爲立て參らせ給ふ。この姫君は、小野の宮の大臣清愼公の御太郎敦敏の少將の御女の腹に、男君女君とおはしけるなり。手書きの佐理の兵部卿の御妹の君の御腹なりけり。父の殿は

九條殿の九郎君爲光と聞ゆ。何れも劣り勝ると聞ゆべきにもあらず。誰かは其差別のこよなかりける。いとおどろおどろしきまでにて、參らせ給へり。弘徽殿に住ませ給ふ。すべて是れは諸人に勝りて、いみじう時めき給へば、大納言いみじう嬉しう思して、いとど御祈りを爲させ給ふ。また如何にとも思し歎くべし。いと餘り樣惡しき御おぼえにて、あまたの月日も過ぎもて行けば、傍への御方方、いと樣惡しう、斯かる事は今も昔も更に聞えぬことなり、久しからぬものなりなど、聞き憎く咀呪しき事ども多かり。斯かる程に、尋常ならず成らせ給ひにけり。いといみじうはかなき御菓物も、安くも聞し召さず。唯だ先づ先づ弘徽殿にとのみ賜はすれば、御おぼえめでたけれど、大納言も、かたはら痛きまで思しけり。三月にて、奏して出で給はんとするに、萬づに止め聞え給ひて、五月ばかりにてぞ出でさせ給ふ。萬づ御愼みも、御里にて心安くと思すに、今まで出でさせ給はざりつるに、斯く出でさせ給ひて、手を分ちて、萬づに爲させ給ふ。初めは御惡阻とて、物も聞し召さざりけるに、月頃過ぐれど、同じやうに、つゆ物聞し召さで、いみじう痩せ細らせ給ふ。いみじきわざに思して、萬づに手惑ひ、爲盡す事無く祈らせ給ふに、橘一つも聞し召しては御身にも留めず、あさましう哀れに、心細げにのみ見えさせ給へば、父殿の、胸塞がりては、安からず打ち歎きつつ、あつかひ聞え給ふ。内よりも、御修法あまた爲させ給ふ。内藏司より、萬づの物を持て運ばせ給ふ。夜夜中分かぬ御使の繁さに、殿上人、藏人も、餘りに佗びにたり。暫しも滯るをば御簡を削らせ給ふ。御謹愼など、さまざまおどろおどろしければ、さても六位の藏人などは、いと好しや。然るべき殿原の君達などは、いと

堪へ難き事に思ふべし。はかなき御菓物なども、彼處には、つゆ甲斐無う聞し召さねど、先づ先づと奉らせ給ふを、大納言、いと世づかずやなど、打ち歎きつつ過ぐし給ふ程に、せめておぼつかなく、戀しく思ひ聞え給ひて、唯だ宵の程とのみ宣はすれど、え思し立たぬに、女御もさすがにおぼつかなげに思ひ聞えさせ給へれば、大納言殿、唯だ一日二日と思し立ちて、參らせ奉り給ふ。弘徽殿に參らせ給ふとて、御しつらひなど云ふ事を、傍への御方方の口善からぬ人人、ゆゆしう忌忌しき事と聞ゆ。斯くて參らせ給へれば、哀れに嬉しう思召して、夜晝やがて御殿にも就かせ給はで、入り臥させ給へり。あさましう物狂ほしとまで、内の渡りには申し合へり。女御は參らせ給へりし折のやうにもあらず、斯く尋常ならずならせ給ひて後は、内におはしましし折よりも、こよ無く細らせ給へりしを、泥いて此度は、その人と見えさせ給はず、あさましうならせ給へり。いと戲れをかしうおはせし人とも覺えず、いみじう窶れらせ給ひて、唯だ宥べいにも有らぬ歎きをのみ爲させ給へば、上も泣きみ笑ひみ涙に沈ませ給へり。いみじう哀れに悲しき御事どもなり。さて三日ありて、出でさせ給ひなんとて、御迎の人人、御車などあれど、すべて許し聞えさせ給はで、今一夜一夜と留め奉らせ給へる程に、七八日になりぬれば、御慎みも外外にては、いと後ろめたしとて、大納言いとまめやかに奏し給へば、泣く泣く御暇許させ給ひても、御輦見え出で退かでさせ給ふまで、出で居させ給へり。大納言哀れに忝う思されて、我が御面目もめでたくて、さまざま御涙も出でくれば、ゆゆしくて忍びさせ給ふ。なかなか理無く思されて、上さへ例のやうにもおはしまさぬを、女房など、いとほしう聞え

さす。一條殿の女御は、月頃は然てもありつる御心地に、此度出でさせ給ひて後は、すべて御髪も上げさせ給はず、あさましう沈ませ給ひて、哀れに唯だ時を待つばかりの御有樣なり。大納言、泣く泣く萬づに惑はせ給へど、甲斐無くて、姙ませ給ひて八月と云ふに亡せ給ひぬ。大納言殿の御有樣、書き續けずとも思ひやるべし。內にも、垂れ籠めておはしまして、御膳も惜ませ給はず、いと樣惡しきまで泣かせ給ふ。御乳母達、制し聞えさすれど、聞し召し入れず。哀れにいみじ。一條殿には、然てのみやはとて、例の作法のことども、したため聞え給ふも、あさましう心憂し。率て出で奉りて、御輿にて出だし入り奉りて見奉らんとこそ思ひしか、斯くやはと、伏し轉び泣かせ給ふ。內には、然るべき御心寄せの殿上人、上達部の睦まじき限りは、皆かの御葬送に出だし立てさせ給ふ。我が外に聞く事の悲しさを、かへすがへす思し惑はせ給ふ。夜一夜大殿ごもらで、思しやらせ給ふ。大納言殿は、御車の後に步ませ給ふも、唯だ倒れ惑ひ給ふさまいみじ。果は雲霧にて已ませ給ひぬ。內にも外にも、あないみじ悲しとのみ思し惑ふ程に、はかなう月日も過ぎもて行きて、然べき御經佛の急ぎに附けても、御淚晞る間無し。內にもこの御忌の程は、絕えて何れの御方方も、つゆ參う上らせ給はず。宮の女御をば然樣になど聞えさせ給ふ折あれど、御心地惱ましなどのたまはせつつ上らせ給はず。斯く哀れ哀れなど有りし程に、はかなく寬和三年にもなりぬ。世の中、正月より心のどかならず。怪しう物の前兆など繁うて、內にも御物忌がちにておはします。又如何なる頃にかあらん、世の中の人、いみじく道心起して、尼法師になりはてぬとのみ聞ゆ。是れを帝聞し召して、はかなき世を思し歎かせ給ひて、

あはれ弘徽殿如何に罪深からん、斯かる人はいと罪重くこそ有めれ、如何で彼の罪を滅さばやと、思し亂る事ども、御心の中に有るべし。この御心の、怪しう尊き折多く、心のどかならぬ御氣色を、太政大臣思し歎き、御叔父の中納言も、人知れず、唯だ胸つぶれてのみ思さるべし。説經を、常に、花山の嚴久阿闍梨召しつつ爲させ給ふ。御心の中の道心限り無くおはします。「妻子珍寶及王位」と云ふ事を、御口の端に掛けさせ給へるも、惟成の辨、いみじううらうたきものに使はせ給ふも、中納言もろともに、この御道心こそ後ろめたけれ、出家入道も、皆例の事なれど、是れは如何にぞやある御心ざまの、折折出でくるは、他事ならじ、唯だ冷泉院の御物の怪の爲させ給ふなるべしなど、歎き申し渡る程に、猶怪しう例ならず、物の漫ろはしげにのみおはしませば、中納言なども御宿直がちに仕うまつり給ふ程に、寛和二年六月二十二日の夜、俄かに失せさせ給ひぬと喧騒る。内の許多の殿上人、上達部、卑しの衞士仕丁に至るまで、殘る所無く火をともして、到らぬ隈無く覓め奉るに、ゆめにおはしまさず。太政大臣より初め諸卿、殿上人殘らず參り集りて、壺壺をさへ見奉るに、何處にかおはしまさん。あさましういみじうて、一天下こぞりて、夜の中に、關關固め騒ぎ喧騒る。中納言は、守宮神、賢所の御前にて、伏し轉び給ひて、我が寶の君は何處にあからめせさせ給へるぞやと、伏し轉び泣き給ふ。山山寺寺に手を分ちて、覓め奉るに、更におはしまさず。女御達涙を流し給ふ。あないみじと思ひ歎き思ふ程に、夏の夜もはかなく明けて、中納言や惟成の辨など、花山に尋ね參りにけり。其處に、目も肝かなる小法師にて、蹲居させ給へるものか。あな悲しや、いみじやと、其處に伏し轉びて、

中納言も法師になり給ひぬ。惟成の辨もなり給ひぬ。あさましうゆゆしう、哀れに悲しとは、是れより外の事有べきにあらず。かの御言草の「妻子珍寶及王位」も、斯く思し取りたるなりけりと見えさせ給ふ。さても法師にならせ給ふはいと善しや、如何で花山まで道を知らせ給ひて、徒歩よりおはしましけんと見奉るに、あさましう悲しう、哀れにゆゆしくなん見奉りける。斯くて二十三日に、東宮位に即かせ給ひぬ。東宮には冷泉院の二の宮居させ給ひぬ。帝は御年七歳にならせ給ふ。春宮は十一にぞおはしける。春宮も、この東三條の大臣の御孫にこそはおはしませ。いみじうめでたきこと限り無し。是れ皆有べい事なり。さても、花山院は、三界の火宅を出でさせ給ひて、四衢道の中の露地におはしまし歩ませ給ひつらん、御足の裏には、千幅輪の文おはしまして、御足の跡には、いろいろの蓮開け、御位上品上生に上らせ給はんは知らず。此世には、九重の宮の中の燈火消えて、賴み仕うまつる男女は、暗き世に惑ひ、哀れに悲しくなん。さても中納言も添ひ奉り給はず。飯室と云ふ所に、やがて籠り居給ひぬ。惟成入道は聖よりも頭に、めでたく行ひてあり。花山院は御受戒この冬とぞ思召しける。あさましき事ども、次次の卷卷にあるべし。

さまざまの悅

斯くて帝、東宮立たせ給ひぬれば、東三條の大臣、六月二十三日に攝政の宣旨かうぶらせ給ふ。准三宮に

て、内舍人隨身二人、左右近衞の御隨身仕うまつる。右大臣には御兄弟の一條大納言と聞えつる、成り給ひぬ。七月五日、梅壺の女御、后に立たせ給ふ。皇太后宮と聞えさす。家の子の君達、后の一つ御腹のは三所ぞおはしましける。まだ御位ども淺けれど、上達部になりもておはす。一つ御腹の太郎君は、三位の中將にておはしつる、中納言になり給ひて、やがて此宮の大夫になり給ひぬ。二郎君は、藏人の頭にておはしつる、宰相になり給ひぬ。三郎君は、四位少將にておはしつる、三位中將になり給ひぬ。閑院の左大將は東宮大夫になり給ひぬ。是れに附きても他事ならず、かの父大臣の御心操を、思し出づるなるべし。世の中に云ふ譬へのやうに思すにやと、あいなうこそ恥かしけれ。殿の御女と名のり給ふ人ありけり。殿の御心地にも、然もやと思しける人參り給ひて、宮の宣旨になり給ひぬ。東宮には、九條殿の御女と云はれ給ふ、先帝の御息所にて物し給ひし、やがて一つ姉妹の典侍達になりて、藤典侍、橘典侍など云ひて、やんごとなくて侍ひ給ふ。稱大納言と云ひける人の御女なるべし。東宮は今年十一に成らせ給ひにければ、この十月に御元服の事あるべきに、大殿の御女對の御方と云ふ人の腹におはするをぞ尚侍になし奉り給ひて、やがて御添臥にと思し掟てさせ給ひて、その御調度ども、夜を晝に急がせ給ふ。對の御方、いと色めかしう、世のたはれ人に云ひ思はれ給ひつるに、この内侍の督の殿の御縁りに、只今は、いといみじうおぼえめでたければ、世の人、然は斯うもありぬべき事にこそありけれと云ひ思ひたり。その弟の女君は、この殿の中納言殿の御女とあれば、宮の御匣殿になさせ給ひつ。對の御方は、いとやんごとなき人ならねど、大貳なりける人の、女を、いみじうか

しづきめでたうてあらせける程に、餘りすきずきしうなりて、色好みになりにけるとなん。この中納言殿、才深う、人に煩はしと覺えたる人の、國國あまた治めたりけるが、男子女子ども數多ありける、女のあるが中に、いみじうかしづき思ひたりけるを、男遇はせんなど思ひけれど、人の心の知りがたう危かりければ、唯だ宮仕を爲させんと思ひなりて、先帝の御時に、公宮仕に出だし立てたりければ、女なれど、漢字などいと善く書きければ、内侍になさせ給ひて、高内侍とぞ云ひける。此中納言殿、萬づにたはれ給ひける中に、人より殊に志ありて思されければ、是れをやがて北の方にておはしける程に、女君達三四人、男君三人出で來給ひにければ、いとどいみじきものに思しながら、猶御たはれは失せざりければ、この御子どもと云はれ給ふ君達あまたになり給へど、猶この嫡腹のを、いみじきものに思ひ聞え給へる中に、母北の方の才などの、人より異りければにや、此殿の男君達も、女君達も、皆御年の程よりは、いとこよなうぞおはしける。中納言の御容も、心も、いとなまめかしう、御心様いと美はしうおはす。この中納言殿の御外腹の太郎君をば、大千代君と聞えつるを、攝政殿取り放ち、我が御子に爲させ給ひて、この頃中將など聞ゆるに、嫡腹の兄君を小千代君とつけ奉りてかしづき給ふ。攝政殿の二郎君宰相殿は、御顏色惡しう、毛深く、殊の外に醜くおはするに、御心様いみじう朗朗しう、雄雄しう、氣怖ろしきまで、煩はしう、さかなうおはして、中納言殿を常に敎へ聞え給ふ御心様なり。北の方には、宮内卿なりける人の、女多かりけるをぞ一人ものし給ひける。宮内卿は、九條殿の御子にぞおはしける。殊にたはれ給ふこと無く、萬づ思しもどきたり。后の宮の藏

典侍の腹にぞ御女一人おはすれど、何とも思さず。北の方の御腹に、男君達あまたおはするに、女君のおはせぬを、いと口惜しきことに思すべし。五郎君三位中將にて、御容より初め、御心樣など、兄君達を、如何に見奉り思すにかあらん。引き違へ、さまざまいみじう、臈臈しう、雄雄しう、道心もおはし、わが御方に心寄せある人などを、心殊に思し顧み、はぐくませ給へり。御心樣、すべて世の常ならず、類ひ有べきとも見え給はずぞ物し給ふ。后の宮も、とりわき思ひ聞え給ひて、我が御子と聞え給ひて、心殊に何事も思ひ聞えさせ給へり。只今御年二十ばかりにおはするに、戯れにあだあだしき御心無し。其れは、わが心の眞實やかなるにもあらねど、人に恨みられじ、女に辛しと思はれんやうに、心苦しかべい事こそ無けれなど思して、朧ろげに思す人にぞ、いみじう忍びて、物などものたまひける。斯うやんごとなき御心樣を、おのづから世に漏り聞きて、我も我もと、氣色だち聞ゆる所所あれど、今しばし思ふ心ありとて、更に聞き入れ給はねば、大殿も奇しう、如何に思ふにかとぞ思しのたまひける。大殿は、院の女御の男御子三所を、皆御懷に伏せ奉り給へるを、二の宮は東宮に居させ給ひぬれば、今は三四の宮を、いみじきものに思ひ聞えさせ給ひつるに、有るが中にも東宮と四の宮とぞ類ひ無きものに聞え給へるも、來年ばかり御元服とは思召す。斯くて十月になりぬれば、御禊、大嘗會とて、世喧騷り急ぎたり。帝七歳におはしませば、御輿には、宮諸共に奉るべければ、宮の御方の女房など、樣樣いみじう、世ののしりたり。女御代の御事など、すべて世のいみじき大事なり。かくて御禊になりぬれば、東三條の北面の築土崩して、御棧敷せさせ給ひて、宮達も御覽ず。其

程の儀式有樣、えも云はずめでたきに、一つ御輿にて宮おはします。宮方の女房の車二十、また内の女房の車十、女御代の御車など、すべてえも云はぬ事どもは、形容び盡すべくもあらず。常の事なれば推し測るべし。事ども果つる程に、攝政殿おはします。御隨身ども、云はん方無く、つきづきしき樣にて打出でたるに、また御前の人人など、やんごとなくきららかなる限りを、撰らせ給へり。あなめでたと見えさせ給ふに、東三條の御棧敷の御簾の片はし押しあけさせ給ひて、四の宮色色の御衣どもの上に、織物の御直衣を奉りて、御簾の片側より差し出でさせ給ひて、やや、大臣こそと申させ給へば、攝政殿、あなまさなやなど申させ給ひて、いと愛しと見奉らせ給ひて、打笑ませ給へる程、見奉る人も、漫ろに笑まるべし。さて其日も暮れぬれば、大嘗會の御急ぎぞあるべき、春宮の御元服十月と有りつれど、斯樣に差し合ひたる御いそぎどもにて、十二月ばかりにと思召したり。はかなう十一月にもなりぬれば、大嘗會の事ども急ぎ立ちて、世の中いと心慌ただしう、帳上げ、何くれの作法の事ども、いと騒がしう、おどろおどろしうて、五節も、今年今めかしさ勝るべし。斯樣にて過ぎもて行きて、十二月の朔日頃に、春宮御元服ありて、やがて尙侍參り給ふ。麗景殿に住ませ給ふ。宮いと若うおはします。督の殿は十五ばかりにぞなり給ふ。大殿の御女におはしませば、やがて御匣殿、女御屋など、有べき限り、いとものものしう、思しかしづき奉り給ふも、對の御方の幸ひめでたく見えたり。まこと九條殿の十一郎君、宮雄君と聞えし人、此頃中納言にて東宮の權大夫にておはす。はかなく年も復りぬ、后の宮東三條におはしませば、正月二日行幸あり。いといみじうめでたうて、宮司・殿

の家司など、加階し喜び喧騒る。晦日になりぬれば、除目に、中納言殿は大納言になり給ひぬ。宰相殿は中納言になり給ひぬ。今年は年號かはりて、永延元年と云ふ。二月は例の神事ども頻りて、所所の使立ち、何くれなど云ふ程に過ぎぬ。三月は岩清水の行幸あるべければ、いみじう急がせ給ふ。行幸この權中納言殿せさせ給ふ。御位増さらせ給ふべきにやと見えたり。宮、例の一つ御輿にておはしませば、御有樣、いと所狹きまで英裝し。斯かる程に、三位中將殿、土御門の源氏の左大臣殿の御女二所、嫡腹に、いみじくかしづき奉りて、后がねと思し聞え給ふを、如何なる便りにか、此三位殿、此姫君を如何でと、心深う思ひ聞え給ひて、氣色だち聞え給ひけり。されど大臣、あな物狂ほし、事の外や、誰か只今然樣に口脇ばみたる主達、出だし入りては見んとするとて、ゆめに聞し召し入れぬを、母上例の女に似給はず、いと心賢く、かどかどしくおはして、などてか、唯だ此君を婿にて見ざらん、時時物見などに出でゝ見るに、この君徒常ならず見ゆる君なり、唯だ我れに任せ給はれかし、此事惡しうやありけると聞え給へど、殿すべて有べい事にもあらずと思いたり。この大臣は、腹腹に男君達、いとあまた樣樣にておはしけり。女君達もおはすべし。この御腹には、女君二所、男三人なんおはしける。辨や少將などにておはせし、法師になり給ひにけり。まだおはするも、世の中をいとはかなきものに思して、ともすればあくがれ給ふを、いと後ろめたき事に思されけり。斯くてこの母上、この三位殿の御事を心つきに思して、唯だ急ぎに急がせ給ふを、殿は心も行かず思いたれど、只今帝いと若うおはします、東宮もまた然樣におはしませば、内、春宮と思し掛くべきにもあらず。

また然べい人などの、ものものしう思す樣なるも、只今おはせず。閑院の大將などこそは、北の方年老い給ひて、有り無しにて聞えなどすめれど、彼の枇杷の北の方などの煩はしくて、この母北の方聞し召し入れず。唯だ此三位殿を、急ぎ立ち給ひて、婿取り給ひつ。其程の有樣いとわざとがましく、やんごとなくもてなし聞え給へれば、攝政殿、位などまだいと淺きに、かたはら痛き事、如何にせんと思したり。いと甲斐ある樣に通ひ歩き給ひける、程無く左京の太夫になり給ひぬ。いと若若しからぬ官なれど、我も然て有りし官なりなどのたまはせて、大殿のなし奉らせ給ひつるなりけり。今二所の殿ばらの北の方達、異なる事無う思ひ聞えたるに、この殿は、いと物淸く、きららかにせさせ給へりと、世の人も殿の人も、何事につけても、心殊に思ひ聞えたり。かの花山院は、去年の冬、山にて御受戒せさせ給ひて、其後熊野に參らせ給ひて、また歸らせ給はざなり。如何で斯かる御歩きを爲慣はせ給ひけんと、あさましう哀れに、かたじけなかりける御宿世と見えたり。御叔父の入道中納言は、同伴ひ聞え給はず、我れは飯室と云ふ所に住み給ひて、いみじく世の中に有らまほしう、出家の本意は斯くこそと見えて居給へり。この三月に、御房の前の櫻の、いと面白う盛りなるに、獨言ち給ひける。久しくありてぞ、世に自ら漏り聞えたりし。

　見し人も忘れのみゆく山里に心ながくも來たる春かな

惟成の辨も、いみじう聖にて、只今の佛かなと見え聞えて行ひけり。大殿の大納言殿の大姫君、小姫君、いみじくかしづきたちて、內、春宮にと思し心ざしたり。この大千代君は、國國あまた領りたる人の、山の井

と云ふ所に住むが、女多かるが婿になり給ひぬ。三四の宮をば、更にも聞えさせ給はず、大殿、この君をいみじく思ひ聞えさせ給へり。大納言殿、是れをば他人のやうに思して、小千代君を、如何で疾く爲し上げんとぞ思しためる。かの土御門殿には、少將にておはしける君、此頃また出家し給へれば、殿、いと怪しうあさましき事なり、この男子どもの、此姫君の御後見どもを仕うまつらで、かくのみ皆成りはてぬると思し歎きて、尋ね取り給ひて、歸り給へ歸り給へと促め聞え給へるも、いと道理なりや。他腹の男君達、なかなかにいと樣樣に成り出でておはしけり。斯くて此殿には、左京の大夫の殿の上、惱ましげに思いたる中にも、例せさせ給ふ事なども無かりければ、大殿も、三位殿も、いみじう嬉しく思されて、御祈りども、然るべう、いみじく爲させ給ふ。北の方、大上、御心の至る限りの事ども、殘り無う爲させ給ふ。いとど物の光榮ある御樣なり。院はいみじうめでたくておはします。冷泉院こそあさましうおはします甲斐無き御有樣なれ。此院は、いみじう多くの人隨きて仕うまつれり。斯くて永延二年になりぬれば、正月三日院に行幸ありて、宮もおはしませば、いとどしう物の儀式ありさま勝りて、心殊にめでたし。帝の御有樣いみじう美くしげにおはしますを、院いと甲斐ありて、えも云はず見奉らせ給ふ。御笛をぞ御心に入れさせ給へれば、吹かせ奉らせ給ひて、いみじうもて興ぜさせ給ふ。院の御方には、帝の御贈物や宮の御贈物、樣樣にせさせ給へり。上達部、殿上人の祿など、すべて目も彩に、面白くせさせ給へり。御乳母の典侍達や、なべての命婦、藏人、宮の御方の女房、すべて下の數にも有らぬ衞士、仕丁まで、皆品品に物賜はせたり。又院司、上達部や、然べ

き人人、よろこびせさせ給へり。斯樣にこそ有らまほしけれと見えさせ給ふにも、冷泉院の御有樣を先づ聞えさせけり。然ておはしますにだに、その御蔭に隱れ仕うまつる男女は、唯だ觀音の、衆生化度の爲めに現れさせ給へるとぞ、申し思ひたる。はかなく奉る御衣や御衾などは、奉るままに、やがて我も我もと下ろし惑ひ合ひて、冬なども、いと寒げにておはしますも、いとかたじけなし。この三四の宮など、たまさかにも參らせ給ふをりは、いみじうぞ珍らしがり愛しみ奉らせ給ひける。されど御物の怪のいと怖ろしければ、たはやすくも參り來らせ給はず。此院は斯くこそおはしませど、然べき御領の所所いみじう、御寶物多く侍ひければ、唯だこの東宮やこの宮宮にぞ皆得させ給へりける。斯かる程に、この左京大夫殿の上、氣色だちて惱ましう思したれば、御讀經・御修法の僧どもをば然るものにて、驗ありと見え聞えたる僧侶達・召し集め喧騷る。大殿よりも宮よりも、如何に如何にとある御消息、隙無う續きたり。さていみじう喧騷りつれど、いと平らかに、殊にいたうも惱ませ給はで、めでたき女君生れ給ひぬ。この御一家には、初めて女生れ給ふを、必ず后がねと、いみじき事に思したれば、大殿よりも、御喜び度度聞えさせ給ふ。萬づいと甲斐ある御仲らひなり。七日が程の御有樣、書き續くるもなかなかなれば、えも形容ばず。三日の夜は本家、五日の夜は攝政殿より、七日の夜は后の宮よりと、樣樣いみじき御産養なり。いとど三位殿は思し分くるかた無う、水漏るまじげにて過ぐさせ給ふ程に、村上の先帝の御兄弟の十五の宮の姫宮、いみじうかしづき給へるは、源帥と聞えしが、御弟姫君を取りて養ひ奉り給ひしなりけり。其姫君を后の宮に迎へ奉り給ひて、

宮の御方とて、いみじうやんごとなくもてなし聞え給ふを、何れの殿ばらも、如何で如何でと思ひ聞え給へる中にも、大納言殿は例の御心の色めきも、むつかしきまで思ひ聞え給へれど、宮の御前、更に更に有るまじき事に制し申させ給ひけるを、この左京大夫殿、その御局の人に、善く語らひつき給ひて、然るべきにやおはしけん、睦ましうなり給ひにければ、宮も、此君は、たはやすく人に物など云はぬ人なれば、適へなんと許し聞え給ひて、然べき様にもてなさせ給へば、我が御志も思ひ聞え給ふ中に、宮の御心用ひも輝り思されて、疎かならず思されつつ、在り渡り給ふ。土御門殿の上は、唯だならましよりはと思せど、大かたの御心ばえ有様、いと心のどかに、おほどかに物若うて、わざと何かとも思されずなん。攝政殿は、今年六十にならせ給へば、この春御賀あるべき御用意ども思召しつれど、事どもえ固敢へさせ給はで、十月にと定めさせ給へり。はかなう月日も過ぎもて行きて、東三條の院にて御賀あり。御屏風の歌ども、いと様様に有めれど、物騒しうて書き留めずなりにけり。家の子の君達、皆舞人にて、いみじう、帝も行幸せさせ給ひ、春宮もおはしまして、殿の家司ども皆よろこびしたる中にも、有國、惟仲を大殿いみじき者に思召したり。有國は左中辨、惟仲は右中辨にて、世におぼえ、才なども、人より殊なる人人にて、おのおの此度も加階して、いみじうめでたし。斯樣にて此月も立ちぬれば、五節などを、殿上人は、いつしかと心もとなく思ふ程に、御即位の年は然るやんごとなき事にて、今年の五節のみこそは、有樣けざやかに、御前にも御覧じ、人も思ひたり。四條の宮の御五節、又左大臣殿の左兵衞の督時中の君、さては受領ども奉る。御前の試

の夜などは、上若うおはしませど、后の宮おはしませば、その二間の御簾の内の氣はひ、人の繁さなど、少少の舞姫などの、少し物の心知りたらんは、やがて倒れぬべう、恥かしうて面赤むらんかしと見えたり。猶宮の御五節は、いと心殊なり。とや斯うやと、とりどりに女房云ひ騒ぎて、又の日の御覽に、童女、下仕へなどの樣も、何れも何れも、誰かは必ずしも人に劣らんと思ふがあらん。心心をかしう捨てがたう、思召し定めさせ給ふ。五節も果てぬれば、臨時の祭、二十日餘りにせさせ給ふ。試樂もをかしくて過ぎにしを、祭の日の歸り遊び、御前にて有るに、攝政殿を初め奉りて、然るべき殿ばら殿上人、殘り無う侍ひ給ふ。この舞人の中に六位二人あるに、藏人の左衞門尉上の判官源兼澄、舞人にて土器とりたるに、攝政殿御覽じて、先づ祝の和歌一つ仕うまつれと仰せらるるままに、「宵の間に」と打誦げ申したれば、興あり興あり、遲し遲しと、殿ばらのたまはするに、「君をし祈り置きつれば」と添へ増したり。大殿いみじう興ぜさせ給ひて、遲し遲しと仰せらるれば、「まだ夜深くもおもほゆるかな」と申したれば、いみじう興じ譽めさせ給ひて、攝政殿衵の御衣脱ぎて賜はす。世の中は、五節、臨時の祭だに過ぎぬれば、殘りの月日ある心地やはする。師走の十九日になりぬれば、御佛名とて、地獄繪の御屛風など取出でしつらふも、目留まり、哀れなるに、折しも雪いみじう降りければ、老い迎ふと云ひ置きたるも、げにと覺えたるに、殿上人の菩提講も、あやにくなるまで聞えたり。次次の宮などのも喧騷る。晦日になりぬれば、追儺とののしる。上いと若うおはしませば、振り鼓などして參らするに、君達もをかしう思ふ。斯くて年號かはりて、永祚元年と云ひて、正月には院に行幸

あり。院も入道せさせ給ひにしかば、圓融院に住ませ給へば、その院に行幸あり。例の作法の事どもにて、院司など、喜び樣樣にて過ぎもて行く。斯くて大殿、十五の宮の住ませ給ひし二條院を、いみじう造らせ給ひて、固より世に面白き所を、御心の行く限り造り磨かせ給へば、いとどしう月も及ばぬまでめでたきを、御覽ずるままに、御心もいとどいみじう思されて、夜を晝に急がせ給ふ。明年の正月に、大饗あるべう思し宣はせて、急がせ給ふなりけり。九條殿の御男君達十一人、女君達六人おはしましける中に、后の宮御末、今、行末まで、帝にておはしますめり。尙侍、六の女御など聞えし御名殘も見え聞え給はぬに、男君達は、太郎一條の攝政と聞えし、その御後、殊にはかばかしうも見え聞え給はず。花山院も、かの御孫におはしますぞかし、其れ斯くておはしますめり。男君達、入道中納言こそは斯くておはしましつるもあさましうこそ。女君も、九の君までおはせし、其の御方のみこそは殘り給ふめれ。堀河の左大將、只今は、昔も今も、いと猶やんごとなき御有樣なり。廣幡の中納言は、殊なる御おぼえも見え給はず。他君達、まだいと御位も淺うおはすめり。この只今の大殿は三郎にこそおはしましけるに、只今は此殿こそ今、行末、遙かげなる御有樣に頼もしう見えさせ給ふめれ。一條の右大臣殿は九郎にぞおはしける。斯くいみじき御中にも、猶勝れ給へるは、殊なるわざになん。斯樣にこそはおはしまさうめるに、只今御位も有るが中にいと淺く、御年などども萬づの御弟におはすれど、如何なる節をか見奉るらん。世の人、この三位殿を、やんごとなきものにぞ、同じ家の子の御中にも、人殊に申し思ひたる。斯くてはかなく明けくれて、六月になりぬれば、暑さを歎く

程に、三條の太政大臣いみじう惱ませ給ひて廿六日亡せ給ひぬ。此殿は故小野の宮の大臣の二郎賴忠と聞えつる大臣なり。亡せ給ひぬるを、あないみじと聞き思せど甲斐無し。中宮、女御、權中納言やなど、樣樣いみじう思し歎くべし。後の御諱廉義公と聞ゆ。哀れなる世なれど、然は如何かはとぞ。はかなう御忌も果てて、御法事などいみじうせさせ給ふ。七月晦日には、相撲にて自ら過ぐるを、今年は有るまじきなどぞ有める。さて臨時の除目ありて、攝政殿、太政大臣にならせ給ひぬ。殿の大納言殿、内大臣にならせ給ひぬ。中納言殿は大納言になり給ひ、三位殿は中納言にて右衞門督兼け給ひつ。小千代君は、六條の中務の宮と聞ゆるは、村上の先帝の御七の宮におはしましけり。麗景殿の女御の御腹なり。その女御の兄人源中納言重光と聞ゆるが御婿になり給ひぬ。御妻まうけの程、兄君にこよ無う勝り給ひぬめり。小野の宮の實資の君は宰相になりて、猶人に心にくきものに思はれ給へるに、獨身におはすれば、然べき女持給へる殿ばらなど、氣色だち聞え給へど、思す心あるべし、如何なることならんなど、ゆかしげなり。斯くて三四の宮の御元服一度にせさせ給ふ。三の宮をば彈正の宮と聞えさす。四の宮をば帥の宮と聞えさす。式部卿、中務卿、兵部卿などにては、村上の先帝の御子達の皆おはしませば、斯く爲し奉らせ給へるなりけり。まことや、此頃齋宮にては、式部卿の宮の女御の御弟の中の宮ぞおはします。帝は更らせ給へど、齋院には同じ村上の十の宮におはします。斯樣にはかなく過ぎもて行く。はかなう年暮れて、今年をば正曆元年と云ふ。正月五日、内の御元服せさせ給ふ。さし續き世の中騷ぎ立ちたるに、攝政殿、二條院にて大饗せさせ給ふ。造り立てさせ給へる

有様、えも云はず面白うめでたければ、光榮あり、嬉しげに思し興ぜさせ給ふ。一條の右の大臣、贈者には參り給へり。月も遙かに、面白き院の有様にぞえも云はぬ。東の對には、內の大殿住ませ給へば、やがて姫君達など物御覽ずれば、御前ばらも御覽ずべう申させ給へど、聞し召し入れず。宮宮いと美くしき小男どもにておはします。二月には內大臣殿の大姫君內へ參らせ給ふ有様、いみじう宣騷らせ給へり。殿の有様、北の方など宮仕に慣らひ給へれば、いたう奧深なることをば、いと惡ろきことに思して、今めかしう氣近き御有様なり。姫君十六ばかりにおはします。やがて其夜のうちに、女御にならせ給ひぬ。今は又中姫君のいわけなき御有様を心もとなう思さるる。斯樣の事につけても、大納言殿にはいと羨ましう、女君のおはせぬことを思さるべし。栗田と云ふ所に、いみじうをかしき殿を、えも云はずしたてて、其處に通はせ給ひて、御障子の繪には名ある所所を畫かせ給ひて、然べき人人に歌詠ませ給ふ。世の中の繪物語は書き集めさせ給ふ。女房數も知らず集めさせ給ひて、唯だ有らまし事をのみ急ぎ思したるも、をかしく見奉る。此男君達の御中の兄にておはせし君をば、福足君と聞えし、一昨年の八月に、煩ひてはかなう失せ給ひにしかば、口惜しき事に思すべし。いみじうさがなくて、世の人に安くも云ひ思はれ給はざりしかばにやとぞ、人も聞えける。內大臣殿の嫡妻腹の三郎君は只今四位少將などにておはす。それも福足君などの御やうに、いとさがなうおはすれど、是れはさすがにぞ見え給ふ。四郎君はまだ小くおはすれど、法師に爲し奉らせ給ひて、小松の僧都と云ふ人に附け奉り給ひてなん。腹腹の御君達、大千代君より外に、またとも斯くもし奉り給はず。大殿、年頃猶

身にておはしませば、御召人の典侍のおぼえ年月に添へて、唯だ權の北の方にて、世の中の人名簿し、さて司召の折は、唯だ此局に集る。院の女御の御方に大輔と云ひし人なり。世のおぼえ初め頃、斯うて一所おはします惡しき事なりとて、村上の先帝の女三の宮は、按察の御息所と聞えし御腹に、男三の宮、女三の宮生れ給へりし、その女三の宮を、この攝政殿心にくくめでたきものに思ひ聞えさせ給ひて、通ひ聞え給ひしかど、すべて事の外にて、絶え奉らせ給ひにしかば、其宮も是れを恥かしき事に思し歎きて、亡せ給ひにけり。其れもこの典侍の幸ひの、いみじう有りけるなるべし。また圓融院の御時、中將の御息所など有りしは、故元方の民部卿の孫の君なり。參りたりしかど、大かた、この典侍より外には人有りとも思いたらぬ年頃の御有樣なり。三四の宮の御乳母どもも、さるは劣らぬさまの容なれど、戯れに物をだにのたまはせずなんありける。斯かる程に、大殿は御心地惱ましう思したれば、萬づに恐ろしき事に思召して、殿ばらも宮も修法させ給ふこと無し。この二條院、物の怪もとよりいと恐ろしうて、是れが氣さへ恐ろしう申すは、樣樣の御物の怪の中に、かの女三の宮の入りまじらはせ給ふも、いみじう哀れなり。猶處更へさせ給へと殿ばら申させ給へど、この二條院を猶めでたきものに思召して、聞し召し入れさせ給はぬ程に、御惱みいとどおどろおどろしければ、東三條院に渡らせ給ひぬ。宮宮の御前もいみじう歎かせ給ふ。攝政も辭せさせ給ふべう奏せさせ給へど、猶暫し暫しとて、過ぐさせ給ふ程に、御惱み誠にいとおどろおどろしければ、五月五日の事なればにや、菖蒲の根の掛らぬ御袂無し。太政大臣の御位をも攝政をも辭せさせ給ふ。猶其の程は關白などや聞

えさすべからんと見えたり、猶いみじうおはしませば、五月八日出家せさせ給ふ。この日、攝政の宣旨、内大臣殿蒙らせ給ふ。されど只今は、此御惱みの大事なれば、嬉しとも思し敢へず、是れこそは限の御事なれと思し騷がせ給ひて、二條院をばやがて寺になさせ給ひつ。若し平らかにも癒らせ給はば其處におはしますべきなり。殿の内いみじう思し惑ふに、猶更に癒らせ給はず。攝政殿の御有樣、いみじう甲斐ありてめでたし。北の方の御兄弟の明順、道順、信順など云ひて、大方いと數多あり。宣旨には北の方の御姉妹の攝津守爲基が妻なりぬ。北の方の御親もまだあり。大殿の御惱みの斯くいみじきを誰も同じ心に思ひ歎き給ふ。攝政殿御氣色たまはりて、先づこの女御、后に据ゑ奉らんのさわぎをせさせ給ふ。我れ一の人に成らせ給ひぬれば、萬づ今は御心のままなる世を、この人人の慫慂しによりて、六月一日后に立たせ給ひぬ。世の人、いと斯かる折を過ぐさせ給はぬをぞ申すめる。中宮大夫には右衞門督殿を爲し聞えさせ給へれど、是は何ぞ、あなすさまじと思いて、參りにだに參りつき給はぬ程の御心ざまも猛しかし。斯かる程に、大殿の御惱み萬づ甲斐無くて、七月二日亡せさせ給ひぬ。誰も哀れに悲しき御事を思し惑はせ給ふこと限り無し。今年御年六十二にぞ成らせ給ひける。七八十まで生き給へる人もおはすめるをと、心憂く口惜しきことに思し惑ふ。入道せさせ給へれば、御諱無し。彈正の宮、帥の宮、哀れに思し惑はせ給ふ。道理に見えさせ給ふ。大千代君は此頃滅入の頭ばかりにてぞおはするを、今は小千代君に劣らんことを樣樣とり集め思し續け歎かせ給ふも哀れなり。東三條院の廊、渡殿を皆土殿にしつつ、宮、殿ばらおはします。東宮いみじう思し入らせ給へり。次次

の御事ども有べい限りせさせ給ふ。はかなくて後後の御有樣、萬づに有らまほしう、めでたう見えさせ給ふ。斯かる程に、固より心寄せ思し、思ひ聞えさせたりければ、有國は粟田殿の御方に親參りなどしければ、攝政殿快からぬさまに思しのたまはせけり。然るは入道殿の有國朝臣をば左右の御眼と仰せられけるを、すさめられ奉りぬるにやと、いとほしげなり。二條院をば法興院と云ふに、この御忌の程、多くの佛造り出で奉りて、寢殿におはしまさせ給ひて、八月十餘日御法事やがて其處にてせさせ給ふ。其程の事思ひやるべし。此春の大饗の折の東の對の端の紅梅の藂に盛りなりしも、此頃は木繁くて見所も無し。御讀經、内、春宮より始めて皆せさせ給へり。かの萬づの兄君只今三位中將と聞ゆ。宰相にだに爲し聞え給はずなりぬるを心憂く思すべし。はかなう年月も暮れもて行きて、正暦二年になりにけり。されど今年は、宮の御前も、然べき殿ばらも、御服にて、行幸も無し。攝政殿の御政、只今は殊なる御謗られも無く、大方の御心樣なども、いと貴に、善くぞおはしますに、北の方の御父ぬし二位に爲させ給へれば、高二位とぞ世には云ふめる。年老いたる人の才限り無きが、心樣いとなべてならずむくつけく、賢き人に思はれたり。その男子ども、一つ腹のは、然べき國國の守どもに、唯だ爲しに爲させ給へり。この人人のいたう世に遇ひて、掟て仕うまつることをぞ、人安からずもどき、やんごとなからぬ御中らひを、心行かず申し思へり。北の方もとより道心いみじうおはして、常に經を讀み給ふ。山山寺寺の僧どもを尋ね問はせ給へば、あはれに嬉しきことに申し思へり。斯かる程に、圓融院の御惱ありて、いみじう世ののしりたり。折しも今年行幸無かりつるを、おぼつか

なく思し聞えさせ給ふ程に、斯かる事のおはしませば、行幸今日明日と思し急がせ給ふ。さて吉き日して行幸あれば、いみじう苦しげにおはします。帝、今は御冠などせさせ給ひて、大人びさせ給へるを、かへすがへす甲斐ありて見奉らせ給ふ。然べき御領の所所、然べき御寶物どもの、書立て目録せさせ給へりけるを、其れ皆奉らせ給ふ。帝も若うおはしませど、如何に如何にと思し歎かせ給ふ。院はた、更にも聞えさせず、常の行幸に似ぬ御有様も、いみじう哀れにて、返す返す思し見奉らせ給ふ。御門の怪も怖ろしければ、疾く歸らせ給ひねとて、返し奉らせ給ひつ。さておぼつかなさを、如何に如何にと思し聞えさせ給ふ程に、日頃ありて、正暦二年二月十二日に亡せさせ給ひぬ。許多の年頃慣れ仕うまつりつる僧俗、殿上人、判官代涙を流し惑ひたる、云はん方無し。仁和寺の僧正と聞ゆるは、土御門の源氏の大臣の御兄弟におはす。仁和寺の親王と聞えける親王におはす。いみじう思し惑ふ。かの釋迦の入滅御覽じて、「大師入滅、我師入滅」と、憍梵波提が云ひて、水になりて流れけん心地する人いと多かり。哀れに悲しとも疎かなり。内には、一日の行幸の御有様思し出でて、戀ひ聞えさせ給ふ。

見はてぬ夢

斯くて此圓融院の御葬送、紫野にてせさせ給ふ。其程の御有樣思ひやるべし。一年の御子日に、此邊りいみ

じうめでたかりしはやと思し出づるも、哀れに悲しければ、閑院の左大將、

紫の雲のかけても思ひきや春のかすみになして見んとは

行成の兵衞佐いと若けれど、是れを聞きて、一條攝政の御孫の成房の少將の御もとに、

おくれじと常のみゆきは急ぎしを煙に添はぬ旅のかなしさ

など數多あれど、いみじき御事のみ覺えしかば、皆誰かは覺ゆる人のあらん。さて御送りの人人歸らせ給ひぬ。御忌の程の事どもいみじう哀れなりき。然べき殿ばら籠り侍ひ給ふ。其頃櫻のをかしき枝を人に遣るとて、實方中將、

墨染のころもうき世の花盛り折忘れても折りてけるかな

是れもをかしう聞えき。世の中諒闇にて、物の榮無き事ども多かり。花山院所所あくがれ歩かせ給ひて、熊野の道にて、御心地惱ましう思されけるに、海人の鹽燒くを御覽じて、

旅の空夜半の煙と登りなば海人の藻鹽火焚くかとや見ん

と宣はせける。旅の程に、かやうの事多く云ひ集めさせ給へれど、はかばかしき人し御供に無かりければ、皆忘れにけり。さて歩き巡らせ給ひて、圓城寺と云ふ所におはしまして、櫻のいみじう面白きを見めぐらせ給ひて、獨言たせ給ひける。

木の下を住みかとすればおのづから花見る人になりぬべきかな

とぞ。哀れなる御有樣も、いみじうかたじけなくなん。一條の攝政の大上は、九の御方ともに、東の院に住ませ給ひて、この院を如何で見奉らんと思しけれど、只今の御有樣、さやうに里などに出でさせ給ふべうもあらずなん。圓融院の御法事、三月二十八日に、やがて同じ院にてせさせ給ひつ。年頃殿上人などの御志ある樣のは、內內に、いと心殊なる御用意あるべし。さて其年の中に、右の大臣、太政大臣になり給ひぬ。右の大臣には六條の大納言なり給ひぬ。土御門の左大臣の御兄弟なりけり。春宮の十五六ばかりにおはしましけるに、或る僧の經尊く讀みければ、常に夜居せさせて、世の物語申しける序に、小一條殿の姬君の御事を語り聞えさせけるに、宮の御耳留まりて思召して、此僧を夜每に召しつつ、經を讀ませさせ給ひて、只夜の御物語には、この小一條の邊りの御事を言種に仰せられて、此事必ず云ひなして給へなど、いみじう眞心に仰せられければ、大將に聞えければ、斯くてのみやは過ぐさせ給ふべき。花山院の御時も賢う遁れまししか、帝のいと若うおはしますに合せて、內にも中宮さへおはしませば、いと煩はし。これは麗景殿侍ひ給ふめれど、其れはあへなんなど思して、急ぎ給ふ。姬君十九ばかりにおはしますかし。はかなき御物の具どもは、先帝の御時、此大將の御妹の宣耀殿の女御、いみじう思ひ聞えさせ給ひて、萬づの物の具を爲立てまつらせ給へりし御具ども、御櫛の箱より初め、屛風などまで、いとめでたくて持たせ給へれば、さやうの事思しいとなむべきにもあらず。唯だ御裝束めくものばかりをぞ急がせ給ふ。母上は枇杷の大納言延光と聞えしが女におはしければ、御中らひもいと物淸げなり。又先帝の御箏の琴を宣耀殿の女御にも敎へ奉らせ給ふ。

此大將にも敎へさせ給ひけるを、この姫君に、殿敎へ聞え給へりければ、慇懃に、今少し今めかしさ添ひて彈かせ給ふ。いみじうめでたし。今の世には、かやうの事殊に聞えねど、是れはいみじう彈かせ給ふ。中の君には琵琶をぞ習はし聞え給ひける。姫君の御有樣、一つにもあらずもてなし聞え給へれば、中の君をば謂母北の方取り放ちて養ひ聞え給ふ。その上のいたう老い給ひにたれば、若き若君達にこそはと思ひ聞え給へれど、左大將さも思ひ聞え給はぬを、口惜しう小一條殿に思いたるべし。斯くていそぎ立たせ給ひて、師走の朔日に參らせ給ふ。昔思し出でて、やがて宣耀殿に住ませ給ふ。甲斐ありて、いみじう時めき給ふ。されば大將殿、わが君をば、誰の人か疎かに思ひ聞ゆることあらん、などぞ思しのたまひける。麗景殿いと時にしもおはせねど、唯だ大方物靜やかに、氣近うもてなしたる御方の樣なれば、心安き物語所には、殿上人など、かの御方の細殿をぞしける。この女御の御方をば、いと奧ふかう恥かしきものに云ひ思ひけり。御兄人、この頃內藏の頭にてぞ物し給ふ。父おとどにも似給はず、いと寬厚かにぞ、人思ひ聞えたる。長命君とて、侍從にておはせしは、出家し給ひてしをぞ、父殿は、今に此れが有りて、彼れが無きこそ口惜しけれ、かやうの御まじらひの程に、如何に甲斐あらましとぞ、常に思し出でける。大將の御甥の實方の中將、世の好色者に、はづかしう云ひ思はれ給へる、その君をぞ、この女御、大方の萬づの物の頭に物し給ふ。只今は、又限り無き御有樣にて侍はせ給へば、いと甲斐ありて見えたり。攝政殿萬づの兄君は宰相にておはす。粟田殿は內大臣にならせ給ひぬ。中宮の大夫は大納言にならせ給ひぬ。大千代君は中納言になり給ひ

ぬ。小千代君は三位中將にておはしつるも、中納言になり給ひぬ。何時も唯だ然るべき人のみこそは成り上り給ふめれ。新中納言の北の方、山の井と云ふ所に住み給へば、山の井の中納言とぞ聞ゆる。小千代君は、かの大納言殿の姫君、いみじう美くしき若君生み給へれば、祖母北の方、攝政殿など、いみじき物にもてかしづき給ふ。松君とぞ聞ゆめる。殿迎へ聞え給うては、乳母にも君にも、さまざまの御贈物して歸し聞え給ふ。中宮にもいつしかと待ち思すべし。斯くて月日も過ぎもて行きて、正暦三年になりぬ。哀れにはかなき世になん。二月には故院の御はてあるべければ、天下急ぎたり。御はてなどせさせ給ひつ。世の中の淡鈍などはてて、花の袂になりぬるも、いと物の哀れある樣なり。攝政殿の姫君あまたおはすれば、今少しおよすげ給はぬをぞ心もとなく思さる。中宮大夫殿は土御門の上も、宮の御方も、去年より唯だならず見えさせ給へば、左大臣殿は先の樣に、如何に如何にと思し祈らせ給ふ。宮の御方にも、宮おはしまして、然るべき御祈りの事掟て思したり。斯くて攝政殿の法興院の中に、別に御堂建てさせ給ひて、積善寺と名づけさせ給ひて、その御堂供養いみじくぞ急がせ給ふ。一條の太政大臣は六月十六日に亡せさせ給ひぬ。後の御諡恆德公と聞ゆ。女御の御後は唯だ法師よりも殊にて、世と共に御行ひにて過ぐさせ給ふ。法住寺をいみじうめでたく造らせ給ひて、明暮其處に籠らせ給ひてぞ行はせ給ふ。哀れにいみじうぞ。御太郎松雄君とておはせし男にて、此頃東宮權大夫にておはす。今一所中將と聞ゆ。その中將この四月の祭に使に出で立ち給ひしかば、萬づに爲立てさせ給ひて、押し返して卑しの御車にて御覽じて、使の君渡りはて給ひにしかば、他事は

見んとも思さで歸らせ給ひにしも、世の人思ひ出でて悲しがる。女君達今三所、一の御殿におはするを、三の御方をば寢殿の上と聞えて、又無うかしづき聞え給ふ。四五の御方方もおはすれど、故女御と、寢殿の御方とをのみぞ、いみじき物に思ひ聞え給ひける。女子は唯だ容を思ふなりとのたまはせけるは、四五の御方如何にとぞ推し量られける。御忌の頃、此中將のもとに、御院より御弔問ひありける。斯くなん。

色かはる袖には露の如何ならん思ひやるにも消えぞ入らるる

哀れなる事ども。御法事やがて法住寺にて有り。一條殿いみじうなべての所の樣ならず、嚴めしう猛に思し掟てたりつれば、一所亡せさせ給ひぬれば、いとおはしましにくげに、荒れもて行くも心苦しう、この寢殿の上の御處分にてぞありける。萬づの物、唯だ此御領にとぞ思し掟てさせ給ひける。斯かる程に、花山院、東の院の九の御方に、あからさまにおはしましける程に、やがて院の御乳母の女、中務と云ひて、明暮御覽ぜしに、何とも思し御覽ぜざりけるが、如何なる御樣にかありけん。是れを召して、御足など打たせさせ給ひける程に、睦まじうならせ給ひて、思し移りて、寺へも歸らせ給はで、つくづくと日頃を過ぐさせ給ふ。九の御方、我が見奉らせ給ふをば然るものにて、世に自ら洩り聞ゆることを、理無う片腹痛く思されけり。今は此院におはしまし著きて、世の政を掟て給ふ。世にもいと心憂きことに思ひ聞えさす。飯室にも、さればこそ、さやうに物狂ほしき御有樣、然る事おはしましなんと思ひしなりと、心に思さるべし。かやうなる御有樣、自ら隱れ無ければ、御封なども無くて、如何に如何にとて、后の宮、攝政殿など、聞きいとほしが

り奉らせ給ひて、受領までこそ得させ給はざらめ、つかさ、かうぶり、御封など奉らせ給へば、いとど御里住心安く、ひたぶるに思されて、東の院の北なる所におはしまし所造らせ給ふ。斯くておはしますも、さすがに甘えいたくや思されけん、我が御兄弟の彈正の宮を語らひ聞えさせ給ひて、この九の御方に婿どり聞えさせ給ふ。悪しからぬ事なりとて、宮おはし通はせ給ふ。九の御方、年月いみじき御道心にて、法華經二三千部讀ませ給ひて、唯だ明暮の御行を、なかなかに思さるべし。彈正の宮いみじう色めかしうおはしまして、知る知らぬ分かぬ御心なり。世の中の騒がしき頃、夜夜中分かぬ御歩りきも、いと後心めたげなり。おはします所の御簾の帽額も破れたれば、宮、檢非違使に逢ひたる御簾の緣かなとのたまはすれば、院、されど彈正にこそ逢ひて侍れなど聞はするもをかし。院、物の榮あり、をかしうおはしましに、況いて今は、何事も然ばれど、ひたぶるに思召したるも、はかなき世に何どか然はと見えさせ給ふ。斯かる程に、中務が女、若狹の守資忠と云ひけるが生ませたりけるも、召し出でて使はせ給ふほどに、親子ながら唯だならずなりて、怪しからぬ事どもありけり。九の御方、いと心憂くあさましく思さるべし。哀れなる御有様なり。只今世にいみじき事には、后の宮惱ませ給ふ。世の只今の大事にのみ思ふ程に、前前の御物の怪の氣色など例の事なり。すべておはしますべき樣ならず、内も行幸などせさせ給ひて、萬づに思し迷はせ給ふ。ともすれば、夜晝分かず、取り入れ取り入れし奉れば、今は唯だ如何で尼になりなんとのたまはするを、殿ばらも、暫しは然るまじき事にのみ思し申し給へど、更に限りと見えさせ給へば、さは、とても斯くても、おはしま

さんのみこそとて、成らせ給ひぬ。あさましういみじき事なれど、平らかにおはしまさんの本意なるべし。さて世に有る事の限り爲盡させ給ひて、又斯くも成らせ給ひぬればにや、御惱も宜しうならせ給ひぬ。石山に年毎に、おはしまさん限りは參らせ給ひ、長谷寺、住吉などに、皆參らせ給ふべき御願どもいみじかりければにや、懸らせ給ひぬ。内にも嬉しき御事に思し聞えさせ給ふも疎かなり。御年も三十ばかりにおはしまし、いみじう可惜らしき御樣にて、あさましう口惜しき御事なれども、降り居の帝に准らへて、女院と聞えさす。然て年官、年爵得させ給ふべきなり。年毎の祭の御使も止まりて、唯だ隨身なども無くて、心安きものから、めでたき御有樣なり。女院の判官代などに、かたほなる無う撰びなさせ給へり。さて其年の內に、長谷寺に參らせ給ひぬ。御供には上達部、殿上人、年若くいみじき限り、狩衣姿をしたり。おとな殿ばらは直衣にて仕うまつり給ふ。攝政殿御車にて仕うまつらせ給へり。院は唐の御車に奉れり。女房車の前に、尼の車を立てさせ給へり。いみじき見物なり。年頃侍らへるも、然らぬも、尼十人ばかり侍ふ。みゆきとて遊女にて侍ひしが、御供に尼になりしかば、雜姿多と附けさせ給へり。わらはべ年頃使はせ給はざりしも、今ぞ多く參り集りたれば、ほめき、すいき、はなこ、しきみなど、さまざま附けさせ給へり。さて參らせ給ひて、めでたき樣に佛にも仕うまつらせ給ひて、僧をも顧みさせ給ひて、歸らせ給ひぬ。斯くて今年は二三月ばかりに、住吉へと思召しける。斯やうにて、有らまほしき御有樣にて過ぐさせ給ふ。山の井の中納言にておはするに、小千代君、中納言にておはするを、攝政殿安からず思して、引き越して大納言になし奉らせ給

ひつ。山の井いと心憂く思ひ聞え給へり。斯かる程に、閑院の大將いみじう煩ひ給ひて、大將辭し給へれば、粟田殿ならせ給ひぬ。小一條の大將左になり給ひて、此殿右になり給ひぬ。女院の后におはしまし折の內侍のすけ皆三位になりてめでたし。粟田殿の御女、藤三位の腹の女君に裳著させさせ奉らんとののしれば、粟田殿、心より外に思せど、然べう云ひ知らせ給ふ。斯くて攝政殿をば、帝大人びさせ給ひぬれば、關白殿と聞えさす。中姫君十四五ばかりにならせ給ひぬ。春宮に參らせ奉り給ふ有樣、[illegible]とめでたし。さて參らせ給ひぬれば、宣耀殿は退かで給ひぬ。淑景舍にぞ住ませ給ふ。何事も唯だ輝く樣なれば、云はん方無くめでたし。女御の御心樣も華やかに今めかしう笑ましき御有樣なり。年頃宣耀殿を見奉らせ給へる御心地に、是れは事に觸れて今めかしう思さる。女御もわざともてなすと思さねど、御衣の重なりたる裾つき、袖口などぞ、いみじうめでたく御覽ぜられける。何事も女房の服裝なども、人人許多持て參り集れば、善し惡しを人の聞ゆべきにあらず。三の御方、皆が中に少し御容も御心ざまも、いと若うおはすれど、然のみやはとて、帥の宮に逢はせ奉らせ給ひつ。宮の御志、世の響き煩はしう思されたれば、哀れなる我が御志はゆめに無し。殿も道理に取り分き思し見奉らせ給ふ。されど南の院に迎へ奉らせ給ひぬれば、有べき限りにておはします。四の御方いと若うおはすれど。內の御匣殿と聞えさす。この御腹の有るが中の弟の君は、三位中將になし奉らせ給ひつ。六條の右の大殿、いみじき物にかしづき給ふ姫君に、婿取り給ひつ。大臣御年など老い給ひにたるに、この三位中將の御事をいみじきことに思して、夜さり夜中ばかりにおはするにも、我は大臣

籠らで、萬づをまつりごち給ふも、哀れにいみじき御志を、この中將の君、ゆめに思したらず。景齊の大進の女をいみじきものに思いて、此姫君の御爲めに、いみじう疎かにおはすれば、關白殿、いとかたはら痛う、かたじけなきことにのたまはすれど、男の心は云ふがひ無げなり。斯くて一條の太政大臣の家をば女院領ぜさせ給ひて、いみじう造らせ給ひて、帝の後院に思召すなるべし。大納言殿は、土御門の上も、宮の御方も、皆男君をぞ生み奉らせ給ひける。殿の若君をば、鶴君と附け奉らせ給ひける。宮の御方のをば、院の御前の乳母取り分き萬づに扱ひ知らせ給ひて、巖君と附け奉り給へり。橘三位の腹に、關白殿の御子とて、男女などおはします。また山の井の御子もあり。斯くて宣耀殿、月頃唯だにもおはせすなり給ひにけり。大將殿いみじき事に思し祈らせ給ふ。東宮の御志の甲斐ありて思ひ聞えさせ給へり。此頃は淑景舍侍らはせ給へば、やがて善き折なりと思召しけり。麗景殿は里にのみおはしまして、怪しからぬ名をのみ取り給ふ。春宮只今は人知れず目覺やかに、やんごとなき方には宣耀殿を思したり。いたはしう煩はしき方には淑景舍を思ひ聞えさせ給へれば、わざとも麗景殿までは然しも思したらず。斯くて小千代君、内大臣になり給ひぬ。御年二十ばかりなり。中宮大夫殿、いと事の外にあまさしう思されて、殊に出で交らはせ給はずなりもて行く。土御門の大臣も正暦四年七月二十九日に亡せさせ給ひにしかば、大納言殿や君達、さし集りて扱ひ聞えさせ給ふ。いと哀れなり。御年も七十ばかりにならせ給ひぬれば、道理の御事なれど、殿の上いみじく思し歎きたり。後後の御事ども、有べき限りにて過ぐさせ給ひぬ。大納言殿の上、唯だにもあらぬ御有様を、大殿

は、之を見はててと、思しつつぞ亡せさせ給ひける。關白殿は、入道殿亡せさせ給ひて二年ばかりありて、有國を皆官位も奪らせ給ひて、追ひ籠めさせ給ひてしを、粟田殿も、大納言殿も、心憂きことと思しのたまはす。惟仲をば左大辨にて、いみじうもてなさせ給へり。その折いみじう哀れなる事にぞ世の人も思ひたりし。まだ其儘にて、子は丹波守にてありしも奪らせ給へりしかば、あさましう心憂し。はかなく年も暮れて正暦五年と云ふ。如何なるにか、今年世の中騷がしう、春より煩ふ人人多く、路、大路にも、ゆゆしきものども多かり。斯かる折しも、宣耀殿も唯ならず、今年に當らせ給へり。土御門殿の上も、斯う物せさせ給へば、世の騷がしきに、如何に如何にと思召す程に、三月ばかりに、土御門殿の上いと平らかに女君生れ給ひぬ。怖ろしき世に、嬉しきことに思されたり。五月十日の程に、宣耀殿御氣色ありておはします。春宮より御使頻りなり。大將殿、如何に如何にと思し騷ぐ程に、限り無き男宮生れ給へり。大將殿歡び泣きし給ひて、世にめでたき御有様に思し掟てたり。有らまほしうめでたくて、七日の程も過ぎぬ。萬づ推し測るべし。御乳母參り集る。東宮は、いつしかと、まだ見ぬ人のゆかしく戀しうとぞ思ひ聞えさせ給ふ。げに如何で疾く御覽ぜさせばや。昔の宮達は五七にてこそ御對面はありけれなど、祖父大殿いと古代に思し暢和め給へれど、宮には、唯だ疾く疾く入らせ給へと、急がせ給ふ。萬づよりも世の中いと騷がしければ、關白殿も女院も、萬づに怖ろしきことを思したり。今年に來年增さるべしと聞ゆれば、いと怖ろしく思さる。斯くて粟田殿の北の方の親しき御有様にや、村上の先帝の九の宮入道して、岩倉にぞおはします。又兵部卿の宮と聞えさ

する御子、同じ兄弟にて、三の宮と聞えさせし、其れも入道して、同じ所におはします。兵部卿の宮、この左の大殿の異腹の女に住み奉り給ひて、男君たち二人おはしましけるを、一所をば、この大納言の御子に爲奉らせ給ひて、少將と聞えしおはす。今一所は、小さうより法師になし奉りて、宮のおはします同じ所にぞおはしましける。九の宮は、九條殿の御子、入道の少將、多武峰の君と聞えし、童名はまちをさと聞えしが御女に住み給へりける。いと美くしき姫君にておはしましたりけるを、いと見捨て難う思しけれど、世の中はかなかりければ、思し捨てけるなりけり。この姫君いみじう美くしうおはするを、粟田殿聞し召して、迎へ奉りて、子に爲奉りてかしづき聞え給ふ程に、然るべき人人、音づれ聞え給ふ人多かりけれど、聞き入れ給はぬ程に、故三條の大殿の權中將、切に聞え給ふ。はかなき御文書きも、人よりはをかしう思されければ、思し立ちて取り奉り給ふ。二條殿の東の對をいみじうしつらひて、恥無き程の女房十人、童女二人、下仕へ二人して、有るべき程に目安く爲立てておはし初めさせ給ふ。姫君の御有様いみじう美くしければ、いと甲斐ありて思ひ聞え給へり。然て暫し歩き給ひて、猶斯かる有樣愼ましとて、四條の宮の西の對をいみじうしつらひて、迎へ聞え給ひつ。宮も女御殿もいと嬉しき御中らひに思して、御對面などあり。いと有らまほしき樣なれば、粟田殿いと思す樣に聞え交し給ふ。又一條の太政大臣の御子の中將をぞ我子に爲給ひて、この北の方の御女弟を遣はせ奉り給ひて、萬づにあつかひ聞え給ふ。斯かる程に、冬つ方になりて、關白殿、水をのみ聞し召して、いみじう細らせ給へりと云ふ事ありて、内などにもをさをさ參らせ給はず。この二位の

新發意心を遂はして、御祈りをし、いみじき事どもをす。北の方思し至らぬ事無し。世の騒がしさ、冬になりて少し心のどかになりぬれば、世の人も打怠み、嬉しと思ふに、殿の御心地の唯ならぬことをぞ世の大事に思ふめる。内大臣殿の松君をかしげにておはするに、女君達もいと美くしうて生れ給へれば、后がねとかしづき聞え給ふ。此殿は、御容も身の才も、此世の上達部には餘り給へりとまで云はれ給ふに、ゆゆしきまで思ひ聞え給ふも道理なりと見えさせ給ふ。この御兄弟の三郎、法師になして、僧都になし聞え給ふ。その御弟は中納言にておはす。山の井は故殿の御心掟て思し出でて、大納言になし聞え給へり。斯くて關白殿、水聞し召すこと止ませ給はで、いと怖ろしうて年も暮れもて行く。東宮には宣耀殿の若宮率て入り奉り給ひて、いみじう他御心無く、つと抱き持て扱ひ、愛くしみ奉らせ給ふ。年も返りぬ。内には、中宮並びなき様にておはします。東宮は淑景舍如何にと見奉る。斯くて長徳元年正月より世の中いと騒がしうなり立ちぬれば、殘るべうも思ひたらぬ、いと哀れなり。女院には關白殿の御心地怖ろしう思すかたは然るものにて、世の中、心のどかにしも思し掟てずもやと、樣樣思し亂れさせ給ふ。今年は先づ下人などは、いといみじう、唯だ此頃の程に亡せ果てぬらんと見ゆ。四位五位などの亡くなるをば更にも云はず、今は上に上がりぬべしなど云ふ。いと怖ろしきこと限り無きに、三月ばかりになりぬれば、關白殿の御惱みも、いと頼もしげ無くおはしますに、内に夜の程參らせ給ひて、斯くてみだり心地いと惡しく候へば、此程の政は内大臣行ふべき宣旨下させ給へと奏せさせ給へば、げに然ばかり苦しう爲給はん程は、などかはと思召して、三月八日の宣

旨に、「關白病の間、天下及び百官執行」とある宣旨下りぬれば、内大臣殿萬づにまつりごち給ふ。斯かる程に、閑院の大納言世の中心地煩ひて、三月二十日亡せ給ひぬ。哀れにいみじき事なり。明日は知らず、今は斯うなめりと、然べき殿ばら、胸走り怖ろしう思さるるに、關白殿の御心地いと重くて、四月六日出家せさせ給ふ。哀れに悲しき事に思し惑ふ。北の方もやがて尼になり給ひぬ。さるは内大臣殿、昨日ぞ隨身など樣樣得させ給へる。斯くて哀れに、如何に如何にと殿の内思し惑ふに、四月十日、入道殿亡せさせ給ひぬ。あないみじと世ののしりたり。内大臣殿の御政は、殿の御病の間とこそ宣旨ありしに、やがて亡せ給ひぬれば、此事の如何なるべき事にかと、世の人、世のはかなさよりも、是れを大事に私語き騒ぐ。内大臣殿は、唯だ我れのみ萬づにまつりごち思いたれど、大方の世には、はかなう皆打傾き云ふ人人多かり。大殿の御送葬、賀茂の祭過ぐして有るべし。その程も、いと折惡しう、いとほしげなり。斯かる御喪なれども、有べき事ども、皆思し掟て、人の衣裳のたけ、伸べ縮じめ制せさせ給ふ。只今はいと斯からで、知らず顔にても、先づ御忌の程は過ぐさせ給へかしと、もどかしう聞え思ふ人人あるべし。北の方の御兄人の、何くれの守ども、如何なるべきことにかと、思ひ慌てたり。二位の新發意この忌にも籠らで、然べき僧どもして、樣樣の御祈りども行はせて、手を額に當てて、夜晝祈り申す。あないみじと云ひ思ふ程に、小一條大將、四月二十三日に亡せ給ひぬ。宣耀殿の一の宮もいと幼くおはしますを見置き奉り給ふ程、いといみじう悲し。左右の大將暫しもおはせぬも惡しき事にや。中宮大夫殿、この御代りに、左大將になり給ひぬ。大殿の御送葬、祭

過ぎて、四月の晦日にせさせ給ふべし。小一條の大將も同じ折なり。哀れいみじき事どもなり。內大臣殿、世の中危く思さるるままに、二位を忿むな忿むなと責めのたまへば、二位えも云はぬ法どもを、我れもし、又人しても行はせて、然りともと心のどかに思せ、何事も人やはする、唯だ天道こそ行はせ給へと頼め聞ゆ。御伯父の殿ばら、世の中を安からず歎き思し私語きたるは、粟田殿を怖ろしきものに思ひ聞えたるになん。又女院の御心掟ても、粟田殿知らせ給ふべき御事どもありて、其氣色を見えたるにやあるらん。世の人殘り無く參り込む程に、內大臣殿の御歎きさへありて、さまざまの物思し歎くほどに、粟田殿夢見騷がしうおはしまし、物の兆などすればにや、御心地も浮きたるさまに思されて、陰陽師などに物を問はせ給ふにも、宜しからぬ兆なり、所を替へさせ給へと申すめれば、然るべき所など思し求めさせ給へど、又御喜びなど、一口ならず、さまざま占ひ申すを、怪しう心迷ひて思さる。此殿の內に、かやうの物の兆、御愼みあることを、內大臣殿聞かせ給ひて、御祈りいよいよいみじ。斯く忿む世繁き御祈りの効驗にやと、頼もしう思し喜びたるを、粟田殿四月晦日に外へ渡らせ給ふ。其れは出雲の前司相如と云ひける人の、年頃斯うのしらせ給ふ關白殿にも參らで、唯だ此殿をいみじきものに賴み聞えさせつる者の家なり。中河に、左大臣殿近き所なりけり。父の內藏頭相信の朝臣と云ひける人の造りて住みける、池、遣水、山など有りて、いとをかしう造り立てて、殿の御方違へ所と云ひ思ひたりける家なりけり。この相如も、かの時平の大臣の御子の敦忠の中納言の、御孫なりければにや、位なども淺う、人人しからぬ有樣にて在るにやとぞ、世の人も云ひ思ひける。さ

て其家に渡らせ給ひて住ませ給ふに、障子どもに手づから繪かきなどして、をかしきさまになんしたりければ、殿なども興ぜさせ給ふ。斯くて世の人も參り込むに、御心地は、猶此處にても、例ざまにもおはしまさざりけり。斯くておはします程に、五月二日關白の宣旨もて參りたり。折しも此處にて、斯うおはしますを、家主人も、世のめでたきことに思ひ、人人もいみじう申し思へり。世の中の馬、車、如何には有らじかしと見えたり。內大臣殿には、寓づ打醒ましたるやうにて、あさましう人笑はれなる御有樣を、一殿の內、思ひ歎き、疎人とか云ふ樣にて、あないみじのわざや、唯だ舊の內大臣にておはせましかば、如何にめでたからまし、何の暫しの攝政、あな手づつ、關白の人笑はれなる事を、いづれの稚兒かは知らざらんと、道理にいみじうなん。斯かる程に、關白殿御心地猶惡しう思さるれば、御風にやなど思して、朴など參らすれど、更に怠らせ給はず。起臥安からず思されたり。さるは世の人も、斯くて嬉しう、是れぞ有べい事、如何で稚兒に政をせさせ給ふやうは有らんと申し思へり。大將殿も、今ぞ御心行くさまに思されける。內大臣殿は、唯だにも御忌の程は過ぐさせ給はで、世の政のめでたきことを行はせ給ひ、人の袴のたけ、狩衣の袂まで、伸べ縮じめ給ひけるを、安からず思ひける者どもは、伸べ縮じめのいと疾かりし故ぞやとぞ聞えける。五月四五日になれば、關白殿の御心地、眞實やかに苦しう思さるれど、溫ませ給ひたれば、えとも斯うもせさせ給はず、御讀經、御修法など、只今有るべきならず、事の初めなれば、いまいましう思されて、せめて冷淡うもてなさせ給ひて、起臥我か御身一つ苦しげなり。殿の內には、侍所にも、夜晝もつゆの隙無く、世界の四位五位

殿ばらまで、おはしまし込み侍ふ。御隨身所、小舍人所は、酒を飲みののしりて、拍上げののしる。我君の御心地や、斯う苦しうおはすらんとも思ひたらず。左大將殿日日におはしましつつ、有るべき事どもを申し掟てさせ給ふ。猶いとあさましき御心地の樣を、心得ず見奉らせ給へど、凶凶しきさうちなれば誰も思しかけず。斯くて此御心地增さらせ給ひぬれば、今はとありとも斯かりともとて、五月六日の日御喜び申しありて、其夜中にぞ二條殿に歸らせ給ふ。斯かる事ども隱れ無ければ、內大臣殿には奧ゆかしう思さるるも道理になん。殿の內今はえ包み敢へず、搖り滿ちたり。大方の騷がしき中にも斯かる御事どももあり、定まらぬ事さへあれば、內邊りにも、然るべき殿ばら侍ひ給ひ、瀧口、帶刀など缺かず侍ふ。二條殿には、北の方日頃唯だにもおはせぬに、此度は女君と夢にも見え給ひ、卜にも申しつれば、殿いつしかと待ち思しつるに、斯くめでたき御事さへおはしませば、必ず女君と待ち思ひ聞えさせ給へるに、斯うおはしますを、如何に如何にと、殿の內搖り滿ちたり。女院よりも、御使隙無し。大將殿はた哀れに思し扱はせ給ひて、御誦經に、萬づの物運び出ださせ給ふ。御厩の御馬殘り無く、御車牛に至るまで、御誦經など思し掟てのたまはす。斯く有り有りて、如何がと殿の內の人人物にぞ當る。五月八日の早朝聞けば、六條の左大臣、桃園の源中納言、淸胤僧都と云ふ人など亡せぬとののしれば、あな凶、斯かる事は忌むわざなり。殿にな聞かせ奉りそと、誰も賢しう云ひ思へれども、同じ日の未の時ばかりに、あさましう成らせ給ひぬ。あな凶凶し、殿の內の有樣思ひやるべし。左大將殿は夢に見なし奉らせ給ひて、御顏に單衣の袖押し當てて、歩み出でさせ給ふ程の心

地、更に夢とのみ思さる。哀れに思ほし聞えさせ給へける御中なれば、ゆゆしとも思さず、扱ひ聞え給へる甲斐無し。同じ御兄弟と聞ゆべきにもあらず、故關白殿亡せ給へりしに、御弔問だに無かりしに、哀れに賴もしう扱ひ聞え給ひつる甲斐無き事を、返す返す殿の方には思し歎く。然云へど、殿の年頃の人人こそあれ、此頃參り寄りつる人人は、やがて出で行き果てにけり。關白の宣旨からぶらせ給ひて、今日七日にぞならせ給ひける。前前の殿ばら、やがて世を知らせ給はぬ類ひはあれど、斯かる夢はまだ見ずこそありけれ。心憂きものになんありける。かの內大臣殿には、あさましう迂闊がましかりつる御有樣の、推し移りたりし程を、人笑はれに、いみじう妬げなりつるに、後は知らず、程無う世を見合せつるかなと、嬉しうて、二位の新發意祈り念ます。いとどしう、然りとも然りともと思ふべし。げに然もありぬべき御有樣の例をと思ふぞ、げには公け腹立たれける。此粟田殿の君達は、はかばかしう大人び給へるも無し。いと若う毛ふくだみてぞ二人おはすめるも、いと哀れに見え給ふ。その夜さり、やがて粟田殿に率て來りぬ。十一日に御葬送せさせ給ふ。返す返す敢へ無う、いみじう心憂し。かの中河の家主人、人よりも哀れと思したる、又限り無う嬉しと思ひけるに、又斯うおはしませば、世を心憂くいみじう思ひて、この御葬送の夜、志の限り、火水に入り、惑ひ扱ひ明し奉りければ、心地も惡しうなりて、家に行きて、物をいみじう思へばにやあらん、心地こそいと惡しけれと云へば、女ども、いと怖ろしき事に思ひて歎きけり。斯くて御忌の程、皆粟田殿におはすべし。是れのみならず、殘り無く皆人のなるべきにやと見え聞えて、あさましき頃なり。かの家主人粟田殿に宿直

したる夜、萬づに思ひ續けて、戀しと思ひ聞えければ、睡も寢られで獨り言ちける。

　夢ならでまたも逢ふべき君ならば寢られぬ睡をも歎かざらまし

と詠みたるを、五月十一日より、心地まことに惡しう覺えたれば、その早朝、女どもの家に行きて、心地の惡しう覺え侍れば、苦しうなるは必ず失くべうも覺えず侍れば、夢で來つるぞと云ひて、この粟田殿にて、一夜睡の寢られざりしかば、斯くなんと、歌を語りて、硯の下なる白き色紙に書き附けて得させたり。歸りて其日やがて心地いみじう煩ふなりけり。家の內いみじう歎きて、如何に如何にと、萬づに思ふ程に、限になりにける折も、殿の御法事にだに逢はずなりぬる事をぞ返す返す云ひける。さて同じ月の廿九日亡せにけり。家の內の人、如何がは思はざらん。悲しさは同じ事なり。日頃ありて、女の詠みける。

　夢見ずと歎きし君を程も無くまた我が夢に見ぬぞ悲しき

亡せ給ひにし殿ばらの御法事ども、皆片端より爲てけり。この粟田殿の御事の後より、五月十一日にぞ、左大將、「天下及び百官執行」と云ふ宣旨下りて、今は關白殿と聞えさせて、又並ぶ人無き御有樣なり。女院も、昔より御志取り分き聞えさせ給へりし事なれば、年頃の本意なりと思召したり。この內大臣殿は、粟田殿の有樣に倣ひて、此度も如何がと思すぞ迂愚なりける。然りともと頼もしうて、二位の御祈り怠まぬ樣なり。世の中さながら押し移りにたり。內大臣殿、世の中をいみじう思し歎きければ、御叔父どもや二位など、何か思す、今は唯だ御命を思せ、唯だ七八日にて止み給ふ人は無くやは、命だに保たせ給はば何事をか御覽ぜざ

らん。いであな迂愚や、老法師世に侍らん限りはと、頼もしげに聞ゆれば、然りともと思すべし。大將殿は六月十九日右大臣にならせ給ひぬ。萬づよりも、哀れにいみじき事は、山の井の大納言、日頃煩ひて、六月十一日に亡せ給ひぬ。御年二十五なり。只今人に譽められて、善うおはしける君なれば、今の關白殿も此君をば故殿の子にせさせ給ひしかば、我も取り分き思はんとしつるものをと、口惜しう思されけり。すべてあさましう心憂き年の有樣なり。是れに附けても、内大臣殿世を怖ろしう思し歎き給ふ。女院には年頃法華經の御讀經あるに、又始めさせ給ひて讀ませ給ふ。世の中の騷がしさを、いと怖ろしきものに思したり。粟田殿の御法事、六月二十日の程なり。粟田殿にてせさせ給ふ。北の方やがて尼になり給ひぬ。唯だにもあらぬ御身にと、人人聞ゆれど、思しのままになり給ひぬるも、道理に見え給ふ。中宮、世の中を哀れに思し歎きて、里にのみおはします。されど、然てのみやはとて、參らせ給ひぬ。帝、いと哀れに思召したり。春宮には、宣耀殿も、淑景舍も、いと哀れに同じさまなる事を、心苦しう思ひ遣り聞えさせ給ふ。淑景舍のいと誇りかなりし御氣色も、いとゆかしう思召すべし。宣耀殿の一の宮も、いと戀しう覺えさせ給へば、猶參らせ給へとあれど、世の騷がしければ、萬づ愼ましう覺えて、すがすがしうも思し立たず。世の中の哀れにはかなき事を、讃岐守爲頼朝臣と云ふ人、

世の中に有らましかばと思ふ人無きが多くもなりにけるかな

是れを聞きて、東宮の女藏人小大の君、返し、

有るは無く無きは數添ふ世の中にあはれ何時まで在らんとすらん

とぞ。小野の宮の實資中納言、式部卿の宮の御女、花山院の女御に通ひ給ふと云ふ事出で來たれば、一條の道信の中將差し置かせける。

嬉しさは如何ばかりかは思ふらん憂きは身に沁む心地こそすれ

罪も懸想じ聞えけるにや。まこと彼の追ひ籠められし有國、此頃宰相までなさせ給へれば、あはれに嬉し。世は斯うこそはと見思ふ程に、此頃大貳辭し奉りたれば、有國をなさせ給へれば、世の中は斯うこそは有れと見えたり。帝の御乳母の橘三位を北の方にて、いと猛にて下りぬ。是れぞ有べい事、故殿のいとらうたき者にせさせ給ひしを、故關白殿あさましうしなさせ給ひてしかば、目安き事と、世の人聞え思ひたり。惟仲は只今左大辨にて居たり。斯くて冬にもなりぬれば、廣幡の中納言と聞ゆるは、堀河殿の御太郎なり。年頃の北の方には、村上の帝の廣幡の御息所の腹の女五の宮をぞ持ち奉り給へる。その御腹に、女君二所、男君一人ぞおはするを、年頃、如何で其れは内、東宮にと思しながら、世の中煩はしうて、内には思し掛けざりつ。東宮には淑景舍侍はせ給へば、萬づに憚り思しつるに、この絶間にこそはと思し立ちて、この姫君、内に參らせ奉り給ふ。今日明日と思し立つ程に、又只今の侍從の中納言と云ふは、九條殿の十一郎公季と聞ゆる、是れも宮腹の女を北の方にて、姫君一人、男君二人もてかしづきて持給へりけれど、世の中に、誰も思し憚りつるを、今の關白殿の御女あまたおはすめれど、まだいと幼くて、走り歩き給ふ程なれば、其れに

思し僻るべきにあらず。是れも内にと思し立ちけり。春宮には、淑景舍、尙侍侍ひ給ふ。宣耀殿はた一の宮の御母女御にて、又無き御思ひなれば、同じうは内にと思し立つも、げにと見えたる事なり。さて廣幡の姫君參り給ひて、承香殿に住み給ふ。世のおぼえ、いでや怪しうは有らん、あな古代と聞ゆめれど、然しもあらず、目安くもてなし思召したり。いと甲斐ある事なり。公季中納言、などか劣らんと思して、さし續き參らせ奉り給ふ。弘徽殿にぞ住み給ふ。是れは何事にも今一きは今めかしう、様様に爲立てまつる事更なり。唯だ女御の御おぼえぞ是れは少しのどやかに見え給へる。承香殿ぞ思はずにおはすめると、世の人申しためる。内邊り今めかしうなりぬ。女院、誰なりとも、唯だ皇子の出で來給はん方をこそは思ひ聞えめと宣はす。女御の御おぼえ、承香殿は勝り給ふやうにて、はかなう月日も過ぎもて行く。中宮は、年頃斯かる事やは有りつる、故殿の一所おはせぬ故にこそは有めれと、哀れにのみ思さる。内には「人見る折ぞ」と云ふやうに、今めかしう、何事につけても、中宮を常に戀しう思ひ聞えさせ給へり。斯かる程に、一條殿をば、今は女院こそは領らせ給へ。かの殿の女君達は鷹司なる所にぞ住み給ふに、内大臣殿忍びつつおはし通ひけり。寢殿の上とは、三の君をぞ聞えける。御容も心も、やんごとなうおはすとて、父大臣いみじうかしづき奉り給ひき。「女子は容をこそ」と云ふ事にてぞかしづき聞え給ひける。その寢殿の御方に内大臣殿は通ひ給ひけるになんありける。斯かる程に、花山院、この四の君の御許に、御文など奉り給ひ、氣色だたせ給ひけれど、怪しからぬ事とて、聞き入れ給はざりければ、度度御自らおはしつつ、今めかしうもてなさせ給ひけること

を、内大臣殿は、よも四の君にはあらじ、この三の君の御許ならんと、推し量り思いて、我が御兄弟の中納言に、此事こそ安からず覺ゆれ、如何がすべきと聞え給へば、いで唯だ己れに預け給へ、いと安き事とて、然るべき人二三人具し給ひて、この院の、鷹司殿より、月いと明きに、御馬にて歸らせ給ひけるを、脅し聞えんと思し掟てけるものか。弓矢と云ふ物して、とかく爲給ひければ、御衣の袖より矢は通りにけり。然こそいみじう雄雄しうおはします院なれど、事限りおはしませば、如何でかは怖ろしと思さざらん。いと理無ういみじと思召して、院に歸らせ給ひて、物も覺えさせ給はでぞおはしましける。是れを朝廷にも、殿にも、いと善う申させ給ひつべけれど、事様の、固より善からぬ事の起りなれば、耻かしう思されて、此事散らさじ、後代の耻なりと忍ばせ給ひけれど、殿にも朝廷にも聞し召しつけて、醜ろげならぬ事と、いみじう思され、早や世に隠れ無くて、大かた此頃の人の口に入りたる事は是れになんありける。太上天皇は世にめでたきものにおはしませど、此院の御心掟ての亂りかならずおはしませばこそあれ、然はありながら、いといとかたじけく怖ろしき事なれば、此事、斯く音無くては、よも已まじと、世の人云ひ思ひたり。また太元帥法と云ふ事は、唯だ朝廷のみぞ昔より行はせ給ひける。常人は、いみじき事あれど、行ひ給はぬ事なりけり。其れをこの内大臣殿、しのびて此年頃行はせ給ふと云ふ事、此頃聞えて、是れ善からぬ事の中に入りたなり。また女院の御惱、折折如何なる事にかと思召し、御物の怪など云ふ事どももあれば、この内大臣殿を、猶御心掟て、心幼くては如何かは有べからんと、傾きもて惱み聞ゆる人人多かるべし。斯く云ふ程に、

長德二年になりぬ。二三月ばかりになりぬれば、去年あさましかりし所所の御果ても、或るは同じ日、或るは次の日など、打續きて、此處彼處思し營みたり。いみじう哀れになん。所所に御袖の色變り、或るは薄鈍などにておはするも哀れなり。立たん月にぞ祭とののしるに、世の人口安からず、祭果ててなん花山院の御事など出で來べきなど云ふめり。あな物狂ほし、盜人捜索すべしなどこそ云ふめれなど、樣樣云ひ扱ふも、いといとほしげになん見え聞ゆめる。如何なるべき御事にかと心苦しうこそは侍れ。此頃、内には、藤三位と云ふ人の腹に、粟田殿の御女おはすれど、殿の姬君おはせぬを、いみじき事に思いたりしかど、この御事をば殊に知り扱はせ給はざりしに、むげに大人び給ふめれば、藤三位思ひ立ちて、内に參らせ奉り給ふ。三位は九條殿の御女と云はれ給ふめれば、この殿ばらも、やんごとなきものに思したれば、かやうに思し立ち參らせ給ふにも、憎からぬことにて、はかなき事なども左大臣殿用意し聞え給へり。さて參り給ひて、藏戸屋の女御とぞ聞えける。三位は、今めかしき御おぼえにものたまひける。年頃惟仲の辨ぞ通ひければ、其れぞ此女御の御事も、萬づに急ぎける。斯う女御達參り給へれど、今まで宮も出でおはしまさぬ事を、女院はいみじう思召し歎かせ給へり。中宮唯だにもおはしまさぬを、然りともと頼もしう思召すを、何にかはおはしまさんと、世の人、覺束なげにぞ申し思ふべかめる。いさや、其れも今の事なれば、眞に然やおはしまし果てざらんとも知り難し。内大臣殿こそは萬づに祈り騒ぎ給ふめれ。怪しうむづかしき事の世に出で來たるのみこそ、いといとほしと思し歎かるれ。

浦浦の別

斯くて、祭はてぬれば、世の中に云ひさゞめきつる事ども、有るべきさまに人人云ひ定めて、怖ろしうむつかし。内大臣殿も中納言殿も思し歎く。殿には御門を鎖して、御物忌頻りなり。宮の御前も唯だにもおはしまさねば、大かた御心地さへ惱ましう苦しう思さるれば、臥しがちにて過ぐさせ給ふ。斯かる事ども自ら漏り聞ゆれば、あなあさましや、然やうの夢をも見ば、我れ如何にせん、如何で只今日明日、身を失ふわざもがなと思し歎けど、如何がはせさせ給はん。この殿ばら、さても如何なるべきにかあらん、然りとて只今身を投げ、出家入道せんも、いと眞におどろおどろしからん事は、遁るべきにもあらず、唯だ佛神ぞ、とも斯くもさせさせ給ふべきとて、數珠を放たず、つゆ物も聞し召さで、歎き明し思ひ暮させ給ふ。内には、陣に陸奥の國の前司維叙、左衛門尉維時、備前の前司頼光、周防の前司頼親など云ふ人人、皆これ滿仲、貞盛が子孫なり。おのおの武人ども數知らず多く侍ふ。春宮の帶刀や瀧口やなど云ふ者ども夜晝侍ひて、陣を固めなどして、いとうたてあり。世には大選楽と云ひつくるも、いとゆゆし。年頃天變などして、兵亂など占ひ申しつるは、此事にこそありけれと、萬づの殿ばら宮ばら、然るべく用意せさせ給ふ。物の數にもあらぬ卑人さへ、萬づに、とも爲ば山に入らんと設けをし、ゆゆしき頃の有樣なり。北の方の御兄人の明順、道順の辨など云

ふ人人、あな心憂、然ば斯うにこそ世は有りけれ、如何かせさせ給はんずるなど、申し騒げど、つゆ甲斐あるべき事にもあらず。殿の内に年頃曹司して侍ひつる人人、とありとも斯かりとも、君の成らせ給はんままにこそはとも思はで、萬づを壞ち拂ひ、こぼめき、ののしりて、持て出で運び騒ぐを見るに、いみじう心細し。されど、さなど制し給ふべきにもあらず。萬づの人の見思ふらん事を恥かしういみじう思さるる程に、世の中にある撿非違使の限り、此殿の四方に打固め、えも云はぬ鬼のやうなる者打具して、太刀矛執りつつ立ち込みたる氣色、路、大路の四五町ばかりの程は往來もせず。いと氣怖ろしき殿の内の氣色有樣ども、云はん方無く騒がしければ、寢殿の中におはしまし在る人人多かれど、人おはする氣はひもせず、哀れに悲しきに、斯かる怪しの者ども、殿の内に打廻りつつ、此處彼處を見騒ぐ氣はひ、えも云はずゆゆしげなるに、物の狭間より見出だして、在る限りの人人、胸塞がり、心地いといみじ。殿、今は遁れ難き事にこそは有めれ、如何で此宮を出でて、木幡に參りて、近うも遠うも道はさん方にまかるわざをせんと、思しのたはするに、此者どもも立ち込みたれば、賤げの鳥獸ならずば出で給はんこと難し。夜半なりとも、亡き御影にも今一度參りてこそは、今はの別れにも御覽ぜられめと、云ひ續けのたまはするままに、えも云はず大きに水晶の玉ばかりの御涙續きこぼるる、見奉る人如何かは安からん。母北の方、宮の御前、御叔父の人人、例の涙にもあらぬ涙出で來て、この怖ろしげなる者どもの宮の内に入り亂れたれば、撿非違使どもいみじう制すれど、其れにも障るべき氣色ならず。斯かる程に、斯く亂りがはしき者の中どもをかき分け、然る方に麗はしく裝束きた

る者、南おもてに唯だ參りに參る。こは何しにかと思ふ程に、宣命と云ふもの讀むなりけり。聞けば、太上天皇を殺し奉らんとしたる罪一つ、帝の御母后を咀はせ奉りたる罪一つ、朝廷より外の人未だ行はざる太元の法を、私に隱して行はせたる罪に由り、內大臣を筑紫の帥になして流し遣はす。また中納言をば出雲の權守になして流し遣はすと云ふことを、讀み喧騷るに、宮の內の上下、聲を響み泣きたる程の有樣、この文讀む人も慌てにたり。檢非違使どもも淚を拭ひつつ、哀れに悲しうゆゆしう思ふ。その邊り近き人人、皆聞きて、門をば鎖したれど、この御聲に引かれて、淚禁め難し。さて、今は出でさせ給へ、日暮れぬ、日暮れぬと促め喧騷り申せど、すべて、とも斯くも答へする人無し。內にも、斯く答へする人無き由を奏せさすれば、などて、然るべき事にもあらず、唯だよくよく促めよとのみ、宣旨頻りに下るに、斯くて其日も暮れぬれば、內大臣殿、「故殿、今宵誘ひて率て出でさせ給へ」と、思し念ぜさせ給ふ御驗にや、許多の人、然ばかり云ひ喧騷りつれど、夜半ばかりに、いみじう寢入りたれば、御叔父の明順ばかりと、御供に人二三人ばかりして、偷まれ出でさせ給ふ。御心の中に大願を立てさせ給ふ。その驗にや、事無く出でさせ給ひぬ。木幡に參り給へるに、月明けれど、此處はいみじう木暗ければ、その程ぞかしと、思し測りおはし參でつるに、かの山近にては下りさせ給ひて、くれぐれと分け入らせ給ふに、木の間より洩り出でたる月をしるべにて、率都婆、釘貫など、いと多かる中に、是れは去年の此頃の事ぞかし。されば少し白う見ゆれど、其折から人あまた物し給ひしかば、何れにかと、萬づ尋ね參り寄らせ給へり。其處にて萬づを云ひ續け、伏し轉び泣

かせ給ふ氣はひに驚きて、山の中の鳥獸も聲を合せて啼き響る。物の哀れを知る、哀れに悲しういみじきに、「おはしまししし折、人より殊にめでたき有樣にと思し掟てさせ給ひしかど、自らの宿世果報のゆゆしく侍りければ、今は斯くて都離れて、知らぬ世界にまかり流されて、また斯樣に亡き御影にも御覽せらるるやうも侍らじ。自ら怠ると思ひ給ふる事侍らねど、然るべき身の罪にて、斯うあさましき目を見侍れば、如何で何地もまからで、今宵の中に身を失ふわざをしてしがな。亡き御影にも御面伏と、後代の名を流し侍る、いと悲しき事なり。助けさせ給へ。中納言も同じく流し遣はせど、同じ方にだに侍らず、方方にまかり別るる悲しきこと。又ゆゆしき身をば然るものにて、宮の御前の、月頃唯だにもおはしまさぬに、斯かるいみじき事に由り、つゆ御湯をだに聞し召さで、涙に沈みておはしますを、いみじうゆゆしう、かたじけなく侍り。おはします陣の前は、笠をだに脫ぎてこそ渡り侍れ、斯くえも云はぬ者どもの、おはします周圍に立ち込みて、御簾をも引き捉りなどして、あさましう、かたじけなく、悲しくておはしますとも、若し佩平安におはしまさば、御產の折、如何にせさせ給はんずらん。甲斐無き身だに行末も知らずまかりなりぬれば、猶かの御身離れさせ給はず、平安にと守り奉らせ給ひて、又掛けまくも畏き天皇の御心地にも、また女院の御夢などにも、此事罪科無かるべきさまに思はせ奉らせ給へ」など、泣く泣く申させ給ふ儘に、涙に溺れ給ふ。聞く人さへ無き所なれば、明眼障も惜まず泣きたり。やがて其れより押し返し、北野に參らせ給ふ程の路、いと遙かに、辰巳の方より、戌亥の方ざまに趣かせ給ふ。參り著かせ給へれば、鷄啼きぬ。其處にて、

また泣く泣く、いみじき事どもを申し續けさせ給ふに、この天神に御誓ひ立て、才おはする人にて、申し給ふこと限り無し。宮人もやゝ聞くと、急ぎ出でさせ給ふ程に、むげに明けぬ。如何にせんと、彼處に入らせ給はん程も騒がし。猶此邊りに、とかく案させ給ひて、夕つ方と思す程も、彼處の御有樣ども、哀れに後めたく思せど、猶宿し侍らはんと思して、右近の馬場の邊りに滯らせ給ふ程に、宮には、昨日哀れにし事だにあり、今日疾く疾くと宣旨頻りなり。さても中納言は在る氣はひ侍り、曹はすべて候はぬ由を奏せさすれば、あさましき事なり、宮を然るべく隱し率りて、塗籠を開けて、天井の上などをも見よとある宣旨頻りに添ふ。御塗籠開け侍らん、宮去りおはしませと、撿非違使申せば、今は取無しとて、然るべく几帳など立てて、淺猿なる樣にておはしまさせて、撿非違使どものみにもあらず、えも云はぬ人して、この塗籠を削り喧騒る音も、あさましう、ゆゆしく、心憂し。然は世の中は、斯くあるわざにこそありけれと、目も昏れ心も惑ひて、涙だに出で來ず。中納言殿も我にもあらぬ樣にて、薄鈍の御直衣、指貫著給ひて、あさましくて居給へれば、人人畏まりて、近うもえ參り寄らぬに、この怪しの者ども入り亂れて、爲得たる氣色どもぞあさましういみじき。さて、開けたれども、ゆめにおはせぬ由を奏せさす。出家したるにか、然るにても、只今は都の中を離るべきにあらず、よくよく搜れ搜れと宣旨頻りけり。撿非違使ども、且つは泣く泣くいみじう思ひながら、宣旨のままにするに、おはせねば、いとあさましき事にて、筋無しとて、その四邊去らず、夜晝守るべき由の宣旨頻りにあり。斯くて今日も暮れぬ。いとあさましき事なり。如何が然るやうあらん、撿非違使ども專

過ちたらば皆罪科あるべき由聞くにも、その夜一夜睡も寢じと思ひ騒ぐ程に、酉の時ばかりに、怪しの網代車の、許多の人にも怖ぢぬ樣なるが、人二三人ばかり供にて、此宮をさして、唯だ來に來るに、怪しくなりて、この撿非違使どもの具の赤衣など著たる者どもの、唯だ寄りに寄りて、何の車ぞ、只今斯かる處に來るはとて、轅にさと附けば、あらずや、殿の木幡に參らせ給へりしが、今歸らせ給ふなりと云ふを聞きて、此者ども皆去りぬ。御車、御門の下にて舁き下ろして、内大臣殿下りさせ給ひぬ。撿非違使ども、皆下りて土に並み居たり。見奉れば御年は只今廿二三ばかりにて、御容調ほり、肥り淸げに、色合まことに白くめでたし。かの光源氏も斯くや有りけんと見奉る。薄鈍の御衣の柔輭なる三つばかり、同じ色の御單の御衣、御直衣、御指貫同じ樣なり。御身の才も風姿も、此世の上達部には餘り給へりと、人聞ゆるぞかし。可惜ものを、哀れに悲しきわざかなと見奉るに、涙も禁め難うて、皆泣きぬ。乘りながらも入らせ給はで、宮のおはしませば、我れ一人は猶畏まり給へるも、いと悲し。さておはしましぬれば、帥、木幡に參られたりけるが、只今なん歸りて候ふと奏せさすれば、むげに夜に入りぬれば、今宵は能く守りて、明日卯の時にとある宣旨あり。されば夜一夜、睡も寢で立ち明したり。宮の御前、帥殿、母北の方、一つに手を取り交はして惑はせ給ふ。はかなく夜も明けぬれば、今日こそは限りと、誰も誰も思すに、立ち退かんとも思さず、御衾も惜ませ給はず、如何に如何に、時なり侍りぬと促め喧騷るに、宮の御前、母北の方、つと捉へて、更に許し奉らせ給はず。斯かる由を奏せさすれば、几帳越しに宮の御前を引き放ち奉れと、宣旨頻れど、撿非違使どもも

人なれば、おはします屋には、えも云はぬ者ども上り立ちて、塗籠を割り喧騒るだにいみじきを、また如何でか宮の御手を引き放つ事はあらんと、いと怖ろしう思ひ廻して、身の怠慢にまかりなりて後は、いと便無かるべし、疾く疾くと促め申せば、筋無くて、出でさせ給ふに、松君いみじう慕ひ聞えさせ給へば、賢く構へて、率て隠し奉りて、御車に、柑子、橘、合器一つばかりを、御餌袋に入れて、筵張の車に乗り給ふ。宮のおはしますを、いとかたじけなく思せど、宮の御前、母北の方も、續き立ち給へれば、近く御車寄せて乗らせ給ふに、母北の方やがて御腰を抱きて、續きて乗らせ給へば、母北の方、帥の袖をつと捉へて乗らんと侍りと奏せさすれば、いと便無き事なり、引き放ちてとあれど、離れ給ふべきかた見えず。唯だ、山崎まで行かん行かんと、唯だ乗りに乗り給へば、如何がはせん。筋無くて御車引き出だしつ。斯く云ふは長徳二年四月廿四日なりけり。帥殿は筑紫の方なれば、未申の方におはします。中納言殿は出雲の方なれば、丹波の方の道よりとて、戌亥ざまにおはする。御車ども引き出づるままに、宮は御鋏して、御手づから尼にならせ給ひぬ。内には、この人人まかりぬ、宮は尼にならせ給ひぬと奏すれば、あはれ宮は唯だにもおはしまさざらんものを、斯く物思はせ奉る事と、思し續けて、涙こぼれさせ給へば、忍びさせ給ふ。昔の長恨歌の物語なども、斯様なる事にやと、悲しう思さるること限り無し。この殿ばらのおはするを、世の人人の見るさま、少々の物見には勝りたり。見る人涙を流したり。哀れに悲しなどは宜しき事なりけり。中納言殿は京出で果て給ひて、丹波境にて御馬に乗らせ給ひぬ。御車は返し遣はすとて、年頃使はせ給ひける牛飼童に、此牛は

我が形見に見よとて賜べば、童伏し轉びて泣くさま、道理にいみじ。御車は都に來、我が御身は知らぬ山路に入らせ給ふ程ぞいみじき。大江山と云ふ所にて、中納言、宮に御文書かせ給ふ。此處までは、平らかに參うで來着きて侍る、甲斐無き身なりとも、今一度參りて御覽ぜられてや止み侍りなんと思ひ給ふるになん、いみじう悲しう侍る。御有樣ゆかしきなりと、哀れに書きつけ給ひて、

憂きことをおほえの山と知りながらいとど深くも入る我身かな

となん思ひ給へられ侍るなど書き給へり。宮には哀れに悲しう、萬づを思し惑はせ給ひて、物も覺えさせ給はず。唯だならぬ御有樣にて、斯くさへならせ給ひぬる事と、返す返す內にも、女院にも、いみじく聞し召し思す。帥殿は其日の中に、山崎、關戶の院と云ふ所にぞ留まらせ給へる。この御供には、然るべき檢非違使ども四人ぞ仕うまつりたりける。その具の者どもの、御車に附きて參るぞ哀れにゆゆしき。中納言の御供には、左衞門尉延安と云ふ人は、長谷の僧都の兄弟の檢非違使なり。其れぞ仕うまつりたりける。あさましき事盡きせず。關戶の院にて、帥殿は御心地惡しうなりにければ、御供の檢非違使ども、斯う斯う、帥は惱り心地惡しとて、躊躇ひ候ふ。母北の方も、やがてつと捉へて、また此處になんと奏すれば、疾く疾く、その心地つくろひ休めて、速かに下すべき由、並びに、母北の方速かに上げ奉れと、宣旨あるに、中納言、宮の御有樣も思しやり、かの母北の方をも思し遣らせ給ふに、いみじうて、女院も、內も、遙かなる御有樣を、いとど心苦しう思召して、大殿にも、此事宜しかるべくなど、院に切に申させ給ひて、帥殿は播磨に、中納言

殿は但馬に留り給ふべき宣旨下りぬ。此事を宮はつかに聞かせ給ひて、いみじう嬉しきとも疎かに思召さるるも、哀れにいみじき御事どもなりかし。関戸の院にて、播磨に留り給ふべきになりぬれば、いみじう嬉しう思されて、然ば早う都へ歸らせ給ひね、こよなう近き程はまかり留りぬれば、いと嬉しう侍り。また過ちたる事侍らねば、然りとも召し還さるるやうも侍りなんなど、泣く泣く聞え慰めさせ給ひて、上げ奉らせ給ふ。我は播磨へおはす。互に遠ざからせ給へば、いみじう悲しうなども世の常なり。さて歸らせ給ひて、上は宮の御有様の變らせ給へるに、又いとどしき御涙、歔欷もよよなり。帥殿は播磨におはすとて、此處は明石となん申すと云ふを聞し召して、

物思ふ心の闇しくらければ明石の浦も甲斐無かりけり

いでや、物の覺ゆるにやと、我が御心にも憎く思さるべし。中納言殿他方へおはすらんを、などか、同じ方にだにあらましかば、何事も好からましと、生憎なる世を心憂く思されて、

しら浪は立てど衣に重ならず明石も須磨もおのが浦浦

と云ふ古歌を更へさせ給へるなるべし。

方方に別るる身にも似たるかな明石も須磨もおのが浦浦

とぞ思されける。中納言殿は、旅の宿りの露けく思されければ、

さもこそは都の外に旅寢せめうたて露けき草まくらかな

斯くて但馬におはし着きぬれば、國の守、朝廷の御定より外に、さし進みて仕うまつる事多かり。中納言殿は、心の愛敬づき給へれば、誰もいみじうぞ仕うまつりける。おはし着きぬれば、延安都へ還り參るに、いとど心細げなる御有樣の心苦しさに、わが子を供に率て行きたりける、友助と云ふを留めて、御心に隨へと云ひ置きて、我は上りにけり。播磨にも有るべきやうにしつらひ据ゑ奉り置きて、御供の撿非違使ども還り參りぬ。いと遙かなりつる程の御供に、外外の人も、哀れに嬉しう思ふめり。松君の戀ひ聞え給ふぞいみじう哀れなりける。宮には盡きせぬ事を思し歎くに、御腹も高くなりもて行きて、唯た有らぬ事のみ思し知らるるにも悲しうなん。播磨よりも、但馬よりも、打ち續き御使頻りて參る。母北の方は、そのままに御心地惡しうて、物もまゐらで、年頃の御念誦も懈怠して、哀れに口惜しき御有樣を、御兄弟の淸昭阿闍梨など明暮聞ゆれど、今は思し直るべきやうも見えず。沈み入りておはすれば、如何にと心細きを、宮の御前にも、御方方にも思し歎く。二位の新發意は、怠み無き御祈りの驗、然りとも然りともと思ふべし。いづこにも、そのままに、皆御齋にて、明暮佛神を念じ奉り給ふ。此處彼處に通ふ御文の中の言の葉ども、何れも哀れに悲しきに、此北の方は沈み入り給ひて、いと賴もしげ無くなり增さらせ給ふ。唯だ世と共の御言には、殿に對面して死なん死なんとぞ寢言にもし給ふ。帥殿を斯く聞え給ふなるべし。世はかなければ斯く思しつつ、とも斯くもおはせんは、いみじき事など、此ぬし達の聞ゆるに、然りとて、如何がはあるべからんとて、九月十日の程になりぬれば、宮の御事も、やうやう近くなりぬるに、賴もしく思す人の、斯く沈み入り給へるに、

いとど心細く思さるること盡きせずなん。この御心地の有樣變り給はんこと有り難げなるに、唯だ朝夕は、あな戀しとより外の事をのたまはばこそあらめ、是れを聞き給ふまゝに、但馬にも、播磨にも、いみじう思しおこす。母北の方打泣き給ひて、

　夜の鶴みやこの中にこめられて子を戀ひつゝも泣きあかすかな

如何にと人人聞ゆれば、あらずと云ひ紛らはし給へり。播磨には此上の戀しと思したらんに、如何で見え奉るべからん。親の御事をいみじとて、又身の徒らになりはてん事と思し亂る。但馬には、いみじき親の御事なりとも、如何でか又聞きにくき事は爲出でん。人の思はん所の差しからんと思し絕えたり。淑景舍は東宮より常に御消息絕えず。內にはいみじう思せど、世の中に思し愼みて、唯だ右近の內侍して、忍びて御文などは有りける。帥の宮の上は、今はあさましき御心地なれば此處にのみおはす。猶舊り難う、この御中には東宮のみぞ問ひ聞え給へる。女院には此宮の若し男宮生み奉り給へらば、哀れにも有べいかなと、行末遙かなるべき御有樣を思し續けさせ給ふも、上を限り無く思ひ聞えさせ給ふ御ゆかりにこそはと、道理知られ給ふ。いみじう哀れにのみ常に歎き聞えさせ給ふ。はかなく秋にもなりぬれば、世の中いとど哀れに、荻吹く風の音も、遠き程の氣はひの御動に思し比へられけり。播磨よりも、但馬よりも、日日に人參り通ふ。北の方の御心地、いや增さりなれば、他事無し。帥殿今一度見奉りて死なん死なんと云ふ事を、寢ても覺めてものたまへば、宮の御前もいみじう心苦しき事に思召し、この御兄弟のぬし達も如何なるべき事にかと思ひま

はせど、猶いと怖ろし。北の方は切に泣き戀ひ奉り給ふ。見聞き給へる人人も安からず思ひ聞えたり。播磨には斯くと聞き給ひて、如何にすべき事にかあらん、事の聞えあらば我身こそはいよいよ不用のものになり果てて、都を見で止みなめなど、萬づに思し續けて、唯だとにも斯くにも御涙のみぞ隙無きや。然ばれ、此身は又如何がはならんとする。これに勝るやうはと思しなりて、親の限りにおはせんを見奉りたりとて、朝廷もいとど罪せさせ給ひ、神佛も惜ませ給はば、猶然るべきなめりとこそは思はめと、思し立ちて、夜を晝にて、京へ上り給ふ。さて宮の内には、事の聞えあるべければ、かの西の京に西院と云ふ處に、いみじく忍びて、夜半におはしたれば、上も、宮も、いと忍びて、其處におはしまし逢ひたり。かの西院も、殿のおはしましし折、この北の方の、斯やうの處をわざと尋ね顧みさせ給ひしかば、其折の御心ばへどもに思ひて、洩すまじき所を思し寄りたりけり。母北の方も、宮の御前も、御方方も、殿も見奉り交はさせ給ひて、また今更の御對面の喜びも涙も、いとおどろおどろしう、いみじ。上は、密く御車に舁き乘せ奉りて、御座ながらぞ舁き下ろし奉りける。いと不覺なりける御心地なりけれど、萬づ騒がしう、泣く泣く聞え給ひて、今は心安く死にもし侍るべきかなと、喜び聞え給ふも、云へば疎かに、哀れに悲しとも世の常なりや。斯くて一二日おぼろげならず忍びさせ給ふに、如何なる者の告げにか、公、私、帥殿上り給へりと云ふ事出で來て、宮をも守らせ給ふ。然るべく疑はしき所をも窺はせ給ふに、すべて、つゆ氣色無ければ、夜を晝になして、公の御使下りて、おはしおはせず慥かにとて、見せに遣はしたれば、げにおはせざりけり。然るべく疑は

しき所所を尋ねさせ給ふに、唯だ西院になん籠りておはすると云ふこと聞えたれば、公事に皆前前斯かる事ある事なれど、また斯く私に上りたる例無し、是れ唯だ事にはあらじ、公を如何にし奉らんとする事を構へたるぞなど、いみじき事を推し測らせ給ふも、ゆゆしう怖ろしうて、すべて都の近きがする事なりとて、又又も斯くぞあらんとて、此度は眞の筑紫へとて、撿非違使ども送り奉るべき宣旨下りぬ。打圍みて、疾く疾くと、聊か逃れ給ふべくもあらず、催促し申ゆ。又更なる御氣色ども云へば疎かにゆゆし。此度の御供には、母北の方の御兄弟の、津の守爲盛と云ひし人の妻にて、宣旨とてありしぞ御車に乘りて、やがて參る。母北の方悸れて、やがて物も覺え給はず。帥殿は、何かは、是れは道理の事なれば、然べきにこそはと、萬づ思しなして、出でさせ給ふに、松君は、我も我もと泣き叫びののしり給ふ。げに哀れに悲しう、いみじ。固く作爲へ留め奉りて、御車引き出づる程も、哀れに悲し。あさましく心憂く、夢のやうなる事にもあるかなと、盡きもせず思ほし歎かる。宮の御前の御心地にも、播磨とかやは、こよ無く近しと聞きつれば、頼もしかりつるものを、とありとも斯かりとも、母北の方は、おはすべき御有樣にもあらざめり。とかくの事の折に、如何に哀れに悲しう、心細う、誰かは、やとも云はんとすらんと、盡きもせず思さる。さても此御事は、越後守平親信と云ふ人の子、いと數多ありける中に、右馬助孝義と云ひて、歌うたひ、折ふしの所從などに召さるる有りけり。其れが申し出でたりける事なりければ、公の御爲めに後安き事申し出でたりとて、加階賜はせたりければ、喜び云ひに父が許に行きたりければ、親信の朝臣、何處に、誰が許とて、此處には來つる

ぞ、おほけなく、つれなくもあるかな、斯様の事、我等が程の人の子などの、云ひ出づべき事にあらず、斯かる事は、夷狄、町女などこそ云へ、あさましう心憂き事を云ひ出でて、人の御胸を燒き焦し、歎きをせさせ奉る、善き事なりやとて、いとはしたなく云ひ罵りければ、甘えて逃げにけり。世の人、此殿の御有様を、或るは、惡しうし給へれば道理と云ふ人もあり。又少し物の心知りたる心ばへある人は、かの御身にておはしたる、惜からず。母の死ぬべきが、我を見て死なん死なんと、寢ても覺めても云はんを、身は徒らになるともなど思すにこそはあらめ、哀れなる事なりや、かの元の播磨も今は過ぎ給ひぬらんかし、中納言こそかしこくおはせずなりにけれ、猶魂はおはする君ぞかしなどぞ聞えける。母北の方、哀れに悲しき事を思し入りつつ、今は限りになり給ひにたり。哀れに悲しとも、世の常なる御有様どもなり。年頃の御念誦徒らになりぬべき事を、淸昭阿闍梨口惜しき事に思ひ聞ゆ。二位の新發意は唯だ夜晝御祈りどもを、死ぬばかりし居て、猶懲りずまに、然るべき法どもをなん行ひける。東宮より、淑景舍に、哀れに、如何に如何にとある御消息絶えず。いみじう口惜しう、誇りかにおはせしものを、如何に物思すらんと、ゆかしう思ひ聞えさせ給ふ。春宮より如何なる御消息かありけん、淑景舍より聞えさせ給ふ。

　秋霧のたえまたえまを見わたせば旅にただよふ人ぞ悲しき

遙かなる御有様を思し遣らせ給ひて、中宮、

　雲の浪けぶりの浪と立ち隔て逢ひ見んことの遙かなるかな

と獨言ち給ひけり。やうやう筑紫近におはしたれば、國國の驛驛、使の設けども、いと眞心に、泣く泣くと云ふばかりに仕うまつりわたす。今は筑紫におはしまし着きたるに、その折の大貳は有國朝臣なり。斯くと聞きて、御設けいみじう仕うまつる。あはれ故殿の御心の、有國を、罪も無く怠ることも無かりしに、あさましく無官に爲なさせ給へりしこそ、世に心憂くいみじと思ひしかど、有國が恥は、恥が恥にもあらざりけり。哀れにかたじけなく、思ひ掛けぬ方にも越えおはしましたるかな。公の御掟よりは、さし增して仕うまつらんとするなど云ひ續け、萬づに仕うまつるを、人傳に聞かせ給ふも、いと恥かしう、なべて世の中さへ憂く思さる。御消息、我子の良成して申させたり。思ひ掛けぬ方におはしましたるに、京の事も覺束なく、驚きながら、參り侍ふべきに、九國の守にて候ふ身なれば、さすがに思ひのままにえまかり歩かぬになん今まで候はぬ。何事も唯だ仰せ事になん隨ひ仕うまつるべき。世の中に命長く候ひけるは、わが殿の御末に仕うまつるべきとなん思ひ給ふるとて、さまざまの物ども、櫃どもに數知らず參らせたれど、是れにつけても、すずろはしく思されて、聞き過ぐさせ給ふ。其儘に唯だ御齋にて過ぐさせ給ふ。斯く云ふほどに、神無月の二十日餘りの程に、京には、北の方亡せ給ひぬ。哀れに悲しう思し惑はせ給ふ。二位の命長さ、哀れに見えたり。されど、其れはむげに老い果てて、容易くも動かねば、唯だ明順、道順、信順など云ふ人人、萬づに仕うまつれり。後の御事ども例の樣にはあらで、櫻本と云ふ所にてぞ然るべき屋造りて斂め奉りける。哀れに悲しとも疎かなり。但馬には、夜を晝にて、人參りたれば、泣く泣く御衣など染めさせ給ふ。筑紫にも、

人參りにしかど、如何でかは輙に參り着くべきにもあらず。後後の御事ども、皆然べうせさせ給ふ。筑紫の道は、今十餘日と云ふにぞ參り着きたりける。あはれ、さればよ、よくこそ見え奉りにけれと、今ぞ思されける。御服など奉るとて、

その折に著てましものを藤衣やがて其れこそ別れなりけれ

とぞ獨言ち給ひける。斯くて、上の御事は、あさましうて已ませ給ひぬ。宮の御産の事も思し歎かれけり。十二月の二十日の程に、わざとも惱ませ給はで、女御子生まれさせ給へり。同じうは男におはしまさましかば、如何に頼もしう嬉しからましと思すものから、又押し返し、いと嬉し、煩しき世の中をとぞ思召されける。内にはけざやかに奏せさせ給はねど、自ら女院に聞し召しければ、同じう聞し召しつ。いといと哀れに、如何にせさせ給ふらんと、思し聞えさせ給ふ。女院よりも、樣樣に、細かに推し量り問信ひ聞えさせ給へり。わざと思し續けさせ給ふとも無かりつれど、佛神の御助にやと見えさせ給ふ。御湯殿には、内よりの仰せ言にて、右近の内侍ぞ參りたる。いと愼ましう怖ろしき世なれども、上の仰せ言の畏さに參りたるなりけり。事の限りあれば、何事も有べい樣は失せねど、故殿などの御世の華華とありしに、斯樣の御有樣ならましかば、如何ばかりかはめでたからまし。其れを思し出ださせ給ふにも、ゆゆしう思さる。御衣の色より初めて、誰もうたてある御姿どもに、若宮は物覺えさせ給はず、白う美くしうおはしませば、右近の内侍、哀れ是れを疾く内に御覽ぜさせ奉らせばやと聞えさす。七日が程の御事ども、如何が尋常なるべき御事どもかは。

但馬には聞き給ひて、哀れに嬉しき事かな、げに男におはしまさぬもいと好し、さらぬだに斯かる世の中に、古も斯樣の事に由りてこそ多く怖ろしき事は出で來れなど、如何はせんの御心にや、女におはしますも心安き事に思しける。誰か細やかに仕うまつるらんと、哀れに思ひ遣り聞え給ふ。筑紫には上の御事を哀れに悲しう思ひ遣り聞え給ふ。宮の御事をも明暮心に掛け思しけるに、斯く平安におはします由を聞えに、人參りたり。斯くて右近の内侍七日がほど過ぎて、内に參れば、樣樣いみじう細かなる事どもをせさせ給へれば、何を疎しとか、斯くは煩はしき事どもをせさせ給へるならん。唯た右近をば睦まじく傅づらはしき方にてと、上の思召して物せさせ給へる甲斐無く、如何でか、斯くおどろおどろしき御事どもをば、問はせ給はんにも、奏すべき方候はずなんなど啓して、返す返す畏まりて、やがて内へ參りければ、上、忍びやかに召して、日頃の御有樣細やかに問はせ給ふに、萬づさし增しつつ、いみじう哀れに奏すれば、御淚も浮ばせ給ひて、げに然ぞあらんかしと思召し續けさせ給ふ。若宮の御美くしさなど奏すれば、彼れを見ばやな、皇子達は御爲めとて、五歲や七歲などにてぞ昔はありける。また内に稚兒など入ること無かりけり。されど、今の世は給もあらざめり。春宮の宣耀殿の宮などは、つと抱きてこそ歩き給ふなれ。又唯だにもあらず物し給ふとか、戀しく思ふ事もあれど、逢ひ見ん事の何時と無きこそなど、哀れに語らはせ給ふ。いみじう樣樣萬づせさせ給へるこそ、いと辱く畏く候へ、えも云はぬ裝束して賜はせたれど、朔日にとてなん納めて候ふなど奏すれば、心ばへの大人大人しう哀れなる方は、誰か勝らん、又人を數多見ぬにやあらんなど、いみじう御志も

る樣に仰せらるる。其れにつけても、尼にならせ給へることを、口惜しう、參りなどせさせ給はんにも、世の人の口煩はしく思さるる程ぞ、人知れぬ御歎きなりける。斯くて年も更りぬれば、朔日は朝拜などして、萬づめでたく過ぎもて行くに、花の都はめでたきに、かの旅の御有樣ども、春や昔のとのみ思されつつ、哀れに年さへ隔たりぬるを、萬づいと覺束なく、あまたの霞立ち隔てたる心地せさせ給ふ。かの二條の北方と造り續けさせ給ひしは、殿おはしまいし折、一部は燒けにしかば、今は一つに皆住ませ給ひしを、この帥殿御下りの後、程も無く燒けにしかば、この御子なども生れ給ふべかりしかば、平中納言惟仲が領る所ありけり、其れにぞ女院など仰せられて、住ませ給ひける。内には若宮の御美くしさを如何に如何にと女院も聞えさせ給へど、愼ましき世の有樣なれば、思し躊躇ふべし。殿などや如何が思召さんと思すらん、道理にこそ。宮の、其ままに、例の御有樣におはしまさぬにより、明らさまに參らせ給はんことも如何にと、愼ましう思召すなるべし。常の御言草の樣に、ゆかしう思ひ聞えさせ給ふ御有樣を、女院はいと心苦しき御事に思召せど、さすがに若宮の御前の限り、參らせ給ふべきにはあらずかし。若宮の御乳母には、北野の三位とて物し給ひし人の御女なども參りけり。其れも九條殿の御子と云はれ給ひし人なり。又帥の乳母や少輔の命婦と云ふ人、さまざま侍ふ。はかなく夏にもなりぬれば、若宮の御有樣いと美くしうおはします。旅の御消息も日毎にと云ふばかりなり。哀れに覺束なうのみ思し亂る。二位この若宮見奉りにとて夜の程參れり。宮の御前哀れに御覽じて、歔欷もよよと泣かせ給ふ。宮のいみじう美くしうおはしますを、二位笑みまけ愛くしみ奉り給ふ。

あはれに、上の御代りには、御前をこそは頼み申して候ふままに、明暮もえ見奉らぬ事をなん。さても内には此宮をいとゆかしきものに思ひ聞えさせ給へば、入らせ給ふべしなどこそは世には申すめるを、如何がは思し定めさせ給ふらん。老の身は、然べき人も物をなん聞かせ侍らざりけると申し給へば、此處にも、母の御代りには如何でとこそ思ひ聞えさせ侍れど、其事と無く物騒がしき中に、此宮の御扱ひにはかなく明け暮れてこそ。内よりも此宮を今まで覺束なくて在らせ奉る事など、眞實やかに宣はすめり、女院も其御氣色に從はせ給ふにやあらん。猶率て入り奉れとこそは宣はすめれど、いさや、萬づ愼ましうのみ覺えてこそ如何にせましと思ひ休らはれ侍れ。萬づよりも、かの旅の人人を如何に如何にと思ひ物するこそ、いみじう哀れに心憂けれ。さりとも、いと斯くて止むべうは如何でかとのみこそは、内にもいみじう心苦しき事に、宣はすなれ、など宣はすれば、度度夢に召し還さるべき樣に見給ふるに、斯く今まで音無く侍るをなん。猶然るべく思し立ちて、内に參らせ給へ。御祈りをいみじう仕うまつりて寢て侍りし夢にこそ男宮は生れ給はんと思ふ夢見て侍りしかば、此事に由りて、猶疾く參らせ給へと、慫慂かし啓せさせせんと思う給へられてなん多くは參り侍りつるなり。御文にては落ち落つるやうもやと思う給ひてなんなど、そそのかし、泣きみ笑ひみ、夜一夜御物語ありて、曉には歸り給ひぬ。宮の御前の御内參りの事、そそのかし啓しつるにぞ思し立たせ給へる。明順、道順萬づにそそぎ奉る。國國の御封など召し物すれど、物すがやかに辨へ申す人も無ければ、然るべき御裝束など絹など奉らせなど、案内申す人ありければ、絹召して萬づに急がせ給ふ。宮おはします

度なれば、萬づ御氣はひ殊なり。御輿などは古代にあるべき事なれば、御車にてとぞ思召したる。いとど悩ましく宮思召したれど、などてか、猶諸共にと聞えさせ給へば、かの二位の、そそのかし聞えし事もあれば、然ばとて、諸共に參らせ給ふ。人の口安かるまじう思へり。斯くて内に參らせ給ふ夜は、大殿、然るべき御前參るべき由仰せらるれば、皆參りたり。殿の御心有樣のいみじう有り難くおはしますこと限無し。斯くて參らせ給へれば、女院、いつしかと、若宮を抱き奉らせ給へば、いと美くしうおはします。打笑みて、あはれに見奉らせ給ふ。いとをかしげに肥えさせ給へり。御物語何と無く物忠やかに申させ給へば、先づ知るものに思さるべし。宮萬づに慎ましき事を思召すに、院と御對面ありて、盡きせぬ御物語を申させ給ふ程に、上渡らせ給ひて、若宮見奉らせ給ふ。えも云はず美くしうおはしまして、唯だ笑ひに笑ひ物語せさせ給ふ。上の御前、今まで見ざりけるよと思召すに、先づ御涙も浮ばせ給ふべし。況して男におはしまさましかばとぞ人知れず思召されける。さて宮に御對面あるに、御几帳引き寄せて、いと氣遠くもてなし聞え給へる程も、道理なれど、御殿油を遠く取りなして、隔て無き樣にて、泣きみ笑ひみ聞えさせ給ふに、いにしへに猶立ち復へる御心地の出で來れば、宮いと怪しからぬ事なりなど、萬づに申させ給へど、其れをも聞し召し入れぬ樣に亂れさせ給ふ程も、かたはら痛げなり。萬づに語らひ聞え給ひて、曉に出でさせ給ふべけれど、猶惜し、宮日著くまで今四五日はと申させ給ひて、[illegible]の御曹司に曉に渡らせ給ひて、其處に暫しおはしますべく、装飾はせ給ふ。上も萬づに思召し知らせ給ふ事多くおはしませど、一途に、唯だあはれに戀しう思ひ聞

えさせ給ひつる程なれば、人の謗らんも知らぬ樣に、もてなし聞えさせ給ふも、此方は筋無き事にこそ有めれ。宮の御前は、世のかたはら痛さをさへ物歎きに添へて思召すべし。女房達昔覺えて哀れに思へり。さて日頃おはしまして、猶いと程遠しとて、近き殿に渡し奉りて、上らせ給ふ事は無くて、我れおはしまして、夜半ばかりまでおはしまして、後夜にぞ歸らせ給ひける。御志昔よりもこよなげなり。此頃侍ひ給ふ女御達の御おぼえ如何なるにかと見えさせ給ふ。疾く出でさせ給ふべかりけるを、暫し暫しと宣はせける程に、二月ばかりおはします。御心地惡しう思されて、例せさせ給ふ事も無ければ、如何なるにかと胸つぶれて思さるべし。上斯くと聞かせ給ふにも、先づ哀れなる契を思し知らせ給ふ。返す返すも斯くてあるべかりける御有樣を、斯く聊かなる事どもを、世人も聞きにくく申し、我が御心地にも萬づに夢の世とのみ思したどるべし。但馬には斯かる事どもを聞き給ひて、唯だ佛神をのみ祈り居給へり。二位はいとどしき御祈り、安からんやは。宮は斯くて御心地苦しう思さるれば、切に聞えさせ給ひて、出でさせ給ひぬ。其程、弘徽殿、承香殿など參り込み給ふ。されど御志の有樣こよなげなり。内よりは萬づに樣樣の覺束なさを、御文隙無し。大かたにては隔日などの御使あり。右近の内侍ぞ然りげ無き傳へ人にては侍らひける。二位かやうの御事どもを聞きて、いとど嬉しう、夢の驗あるべきと思ひて、いとどしき御祈り怠まず。筑紫にも斯かる事を聞き給ひて、萬づに然りともと頼もしく思さるべし。但馬の中納言殿は、未だそのかみ、六條殿は絶え給ひにしかば、伊豫の守兼資のぬしの女をいみじう思いたりしを、いつしかとのみ哀れに戀しう思さるべし。帥

殿は松君を遥かに思しおこせつつ、いきの松原とのみ思し比へられけり。哀れなる御中らひどもなり。月日も過ぎもて行きて、宮の御腹も高くならせ給へれば、哀れに心細く思されけり。遥かなる御有樣どもを理無き事に申させ給ひしかば、内にもいと心苦しき事に思召して、常に院にも語らひ申させ給ふ。はかなく冬にもなりぬるに、承香殿唯だにもあらぬ御氣色なれば、父大臣いみじう嬉しき事に思し惑ふ。上もいみじう嬉しう思さるべし。院も何れの御方にも、唯だ男御子をだに產み奉り給へらばと思召すほどに、三月ばかりにて奏して出でさせ給ふ。其度の儀式はいといと心殊なり。女御も御手車にて、女房徒歩より歩み連れて仕うまつる。弘徽殿の細殿の前を渡らせ給ふ程、細殿の御簾を押し出だしつつ、女房こぼれ出でて見れば、此女御の御供の童女、いたう慣れたるが、火のいと明きに、此弘徽殿の細殿を見て、簾のみ孕みたるかなど云ひて行くを、弘徽殿の女房、あな妬た、何しに見つらんなど云ひけり。あさましう爲たり顔に妬たげなり。とまれ斯うまれ、斯くて出で給ふ御有樣、いと羨しう見えたり。さて退かで給ひて、右の大臣萬づに御祈りし給ふ。粟田殿の北の方、此殿の北の方にておはす。御位も、北の方も、はかなく成り變らせ給へるも、いと哀れなり。堀河殿をぞいとよく造り立てて、今は渡りて住ませ給ひける。此女御の御一つ腹の御兄人ども、少將にて、人に褒められておはす。はかなく月日も過ぎぬ。長德四年になりぬ。若宮三歲になり給ひぬ。如何にいとど美くしうと思ひ遣り聞えさせ給ふも、いといと戀しう、眞實やかに思し出づる折折多かるべし。中宮には、三月ばかりにぞ御子生れ給ふべき程なれば、御愼みを萬づに思せど、殊に御封などすがすがしう

辨へ申す人無し。内藏司より、例の樣樣の御具など持て運び、女院などよりも萬づ思し計り聞えさせ給へば、其れにてぞ何事も急がせ給ふ。僧都の君も、萬づに賴もしう仕うまつり給ひ、如何に如何にと思し渡る程に、御氣色あり。ささとののしり騷ぐに、哀れに賴もしき方無し。唯だ此但馬の守ぞ萬づ賴もしう仕うまつる。二位も斯くと聞き奉りて、居ながら額を突き祈り申す。いみじき御願の驗にや、いと平安に男御子生れ給ひぬ。男御子にさへおはしませば、いとどゆゆしきまで思されながら、女院に御消息あれば、上に奏せさせ給ひて、御劍持て參る。いと嬉しき事に誰も誰も思召さる。世中は斯くこそありけれ。咎めど咎まれず、遁るれど遁れずと云ふは、げに人の幸にこそと、聞きにくきまで世にののしり申す。御湯殿に右近の内侍例の參る。此度は内より御産養有べけれど、猶思し憚りて過ぐさせ給ふに、内の御心を惱ませ給へるにや、大殿、七夜の御事仕うまつらせ給ふ。内にも、院にも、嬉しき事に思召したり。院より絹、綾、大かた然らぬ事ども、いと細やかに聞えさせ給へり。七日の夜は、今宮見奉りに、藤三位を初め、然るべき命婦、藏人達參る。其處の御用意あるべし。二位は夢を正しく見なして、頭だに堅くおはしまさば、一天下の君にこそはおはしますめれ、能く能く心殊にかしづき奉らせ給へと常に啓せさす。又の日但馬にも、筑紫にも、皆御使奉られしかば、但馬にはいと疾う聞き給ひて、あはれに嬉しき事を思すべし。いつしか筑紫に聞かせ奉らばやと思し歎く。宮の女房、能くこそ外樣に赴かずなりにけれ。若宮の御世に遇ひぬる事と、世にいみじうめでたく思ふべし。御湯殿の鳴弦、讀書の博士など、皆大殿にぞ掟て參らせ給へる。大殿、同じきものを、いと清ら

かにもせさせ給へるかな。系續は斷ゆまじき事にこそ有めれとのみぞ、九條殿の御族より外の事は有りなんやと思ふものから、其御中にも猶この一筋は心殊なりかしなどぞのたまはせける。斯く云ふ程に、筑紫に聞き給ひて、あさましう嬉しうて、物にぞ當らせ給ふ。我が佛の御德に我等も召されぬべかめりと、いみじく嬉しく思召されて、此御事の後よりは、唯だ行末のあらまし事のみ思し續けられて、御心の中にはいと頼もしく思さるべし。斯かる程に、今宮の御事の痛はしければ、いとやんごとなく思さるるままに、如何で今は此御事の驗に、旅の人をとのみ思召して、常に女院と上の御前と語らひ聞えさせ給ひて、殿にも斯樣に拵ねび聞えさせ給へば、げに御子の御驗侍らんこそは善からめ、今は召しに遣はさせ給へかしなど奏し給へば、上いみじう嬉しう思召しながら、然ば然るべきやうに、とも斯くもと、のどやかに仰せらる。四月にぞ今は召し返す由の宣旨下りける。それに今年例の疱瘡にはあらで、いと赤き瘡の細かなる出で來て、老いたる、若き、上下分かず、是れを病みののしりて、やがて徒らになる類ひも有るべし。是れを、公私、今の物歎きにして、靜心無し。されど、此召し返しの宣旨下りぬれば、宮の御前、世に嬉しき事に思さるべし。夜を晝になして、公の御使をも知らず、先づ宮の御使ども參る。是れにつけても、若宮の御德と世の人めでののしる。京には賀茂の祭、何くれの事ども過ぎて、晦日になりぬ。筑紫には御使も宣旨も未だ參らぬに、但馬には、いと近ければ、御迎に然るべき人人、數も知らず參り込みたり。其れも、いでや、面目ある事にもあらねど、[illegible]

てぞおはしける。大殿の源中將と聞ゆるは、村上の帝の三の宮、兵部卿の宮、其れ入道して石藏におはしけるが、男子二人おはすなる。一所は法師にて三井寺におはす。今一所は、殿の上の御子に爲立て參らせ給ふなりけり。其れ、此の兼資が婿にておはしけり。されば、此中納言には、今一人の女に、親にも知られで通ひ給ひけるが、斯かる事さへ出で來て、いとどうたてげに親どもさへ云ひければ、今に忍び給ふなりけり。此源中將の母は、大殿の上の異御兄弟の御子なりければ、御甥にて、御子にし奉らせ給ふなりけり。五月五日、中納言殿のたまひける。

　思ひきや別れしほどのその頃よ都の今日に遇はんものとは

とありければ、女君、

　憂き音のみ袂に掛けしあやめ草引きたがへたる今日ぞ嬉しき

中納言殿、宮に參り給へれば、先づ御喜びの淚ども塞き留め難し。哀れにて悲しきに、姫宮、若宮、様様にぞ美くしうおはします。見奉り給ふにつけても、夢の現になりたる心地をさせ給ふこと限り無し。いつしか筑紫の殿の御事を、疾くと思さる。御迎に明順朝臣など、人人參りにけり。淑景舍、宮の上など集らせ給へり。四の御方は今宮の御後見、取り分き聞えさせ給へれば、扱ひ聞えさせ給ふ。中納言殿夜ばかりこそ女君の許へおはすれ、晝は宮にのみおはす。二位も此頃赤疱にて、いと不覺にて、ほどほどしく聞ゆれば、哀れに思

さる。今は帥殿見奉りて死なんとぞ願ひ聞ゆれど、如何がはと見えたり。斯かる程に、隱れ無く病みののしるに、かの承香殿の女御、産みが月も過ぎさせ給ひて、いと怪しく音無ければ、萬づにせさせ給へど、思し餘りて、六月ばかりに太秦に參りて、御修法、藥師經の不斷經など讀ませさせ給ふ。萬づにせさせ給ひて、七日も過ぎぬれば、又延べて、萬づに祈らせ給へばにや、御氣色ありて苦しうせさせ給へば、殿靜心無く思し騷ぎて、先づ内に、右近の内侍の許に、御消息遣はしなどせさせ給へば、御前に奏しなどして、如何に如何になど御使あり。女院よりも如何に如何にと覺束なくなど聞えさせさせ給ふに、此御寺の中にては、いと不便なる事にてこそあらめ、然りとて里に出でさせ給はんもいと後めたき事など、此寺の別當なども申し思ふ程に、唯だ事成りぬべき御氣色なれば、然ばれ、罪は後に申し思はんと思して、任せ奉り給ふ程に、御身より唯だ物も覺えぬ水のみさゝと流れ出づれば、いと怪しう世づかぬことに、人人見奉り思へど、然りとも、有るやうあらんとのみ騷がせ給ふに、水盡きもせず出で來て、御腹唯だ細れに細れて、例の人の腹よりもむげに成らせ給ひぬ。許多の月頃の血の氣はひだに出で來で、水の限りにて斯く御腹の減りぬれば、寺の僧どもあさましう云ひ思ふ。父大臣は、七日病むと云ふらんやうに、あさましういみじきに、揺膝など云ふ事をせさせ給ひて、空を仰ぎて、夢覺めたらん心地して居させ給へり。萬づよりも、女御の御心地あさましう恥かしう、かの弘徽殿の細殿の事など思し出でられ、今は內邊りと云ふ事思し掛くべくもあらず。內より御使頻りに參るに、奏し遣らせ給はん方無し。兒などのとも斯くもおはしますは例の事なり。是れはいと事の

外と云ふも疎かなり。御寺の僧どもも、斯かる事は恥かしき事なりけり、されど佛の御徳に、平安におはしますにこそはとぞ、如何がはせんには聞えける。内には聞し召して、とも斯くも物も仰せられでこそあらめ、右近が物騷がしう云ひて、斯く物狂ほしう計らひて、あさましきわざにこそありけれ、唯だなるにはこよなく劣りてもあるかなとぞ、いとほしう思召されける。院にもいと聞き苦しうぞ思召しける。世の中には歌にさへぞ聞えける。かの簾のみと云ひし童女は、其れに恥ぢて、やがて參らずなりにけり。外よりも弘徽殿こそはいみじう迂愚がましげに、人人聞えけれ。かの出でさせ給ひし夜の御有様は、然ばかり面目ありし事やは有りし。猶世の中こそ哀れなるものはありけれと、何事につけても定め無くこそ。かの筑紫には、赤瘡彼處にもいみじければ、帥殿急ぎ立たせ給へども、大貳の、此頃過ぐして上らせ給へ、道の程いと怖ろしう侍り、御送りに參らん下人なども、いと不便に侍らんなど申しければ、げにと思召して、心もとなく思しながら、立ち留らせ給ひて、世の人少し病み離りて上らせ給ふ。此程に二位、此折にて亡せにけり。いみじう哀れなる事どもなり。斯くて上らせ給ふも、唯だ若宮の御験と、哀れに嬉しう思しつゝ上らせ給ふ。陸路よりなれば、今はおはし着かせ給ひぬらんとのみ、いつしかと待ち聞えさせ給ふ。十一月に上り着かせ給ふ。致仕の大納言殿におはし着かせ給へる。上を始め奉りて、殿の内の人人、喜びの涙ゆゆしく、殿の有様など、昔にもあらず、哀れに荒れ果てにけり。上も何事もえ聞えさせ給はず、唯だ涙におぼほれて見奉り給ふ。松君のいと大きになり給へるを搔き撫でて、殿いみじう泣かせ給へば、松君も如何に思すにか、目を擦り給ふ。

いと嬉しと思したるも哀れに道理なり。殿、

　淺茅生と荒れにけれどもふるさとの松は木高くなりにけるかな

また殿、

　來しかたの生の松原生きて來て古き都を見るぞ悲しき

とのたまへば、上、

　そのかみの生の松原生きてきて皆から有らぬ心地せしかな

と申し給ふ。先づ宮へ參らんとて、急ぎ出でさせ給ふにも、女君涙こぼれさせ給ふ。宮の御前、單の御衣の袖も絞るばかりにておはします。何事ものどかになんなど申させ給ふ。宮達樣樣にいみじく愛くしくおはしますを、一の宮を先づ抱き奉らまほしげに思せど、忌忌しうのみ物の覺え侍りてと聞えさせ給ふ程も、猶いと世は定め難し。平安に誰も御命を保たせ給ふのみこそ世にめでたき事なりけれとのみぞ見えさせ給ふ。故上の御事を返す返す聞えさせ給ひつつ、誰もいみじう泣かせ給ふ。萬づに一つ涙の盡きぬと云ふやうにのみ見えさせ給ふも、哀れに盡きせずぞ見えさせ給ふ。其頃吉き日して、故北の方の御墓拜みに、帥殿、中納言殿、諸共に櫻本に參らせ給ふ。哀れに悲しう思されて、おはせましかばと思さるるにも、御涙におぼほれ給ふ。折しも雪いみじう降るに、中納言、

　露ばかりにほひ留めで散りにける櫻がもとを見るぞ悲しき

帥殿、

　　さくらもと降る淡雪を花と見て折るにも袖ぞ濡れまさりける

萬づ哀れに聞え置きて、泣く泣く歸らせ給ふ。如何で今は其處に御堂建てさせんとぞ思し掟てける。

耀く藤壺

大殿の姫君十二にならせ給へば、年の中に御裳着ありて、やがて内に參らせ給はんと思し急がせ給ふ。萬づ調度させ給へり。女房の有樣ども、かの初雪の物語の、女御殿に參り込みし人人よりも、是れはめでたし。御几帳、御屏風より初め、尋常ならぬ樣にさせ給ひて、然るべき人人、やんごとなき所所に歌詠ませ給ふ。和歌は主からなん姉妹は勝ると云ふらんやうに、大殿やがて詠ませ給ふ。又花山院詠ませ給ふ。又四條の公任の宰相など詠み給へり。藤咲きたる所に、

　　むらさきの雲とぞ見ゆる藤の花如何なる宿のしるしなるらん

又人の家に、小さき鶴ども多く描きたる所を、花山院、

　　ひな鶴をやしなひたてて松がえの蔭に住ませんことをしぞ思ふ

とぞある。多かれど片端をとて書かずなりぬ。斯くて參らせ給ふ事、長保元年十一月一日の事なり。女房四

十人、童女六人、下仕六人なり。いみじく撰り調へさせ給へるに、やんごとなきをば更にも云はず、四位五位の女といへど、殊に交らひ惡ろく、天質容姿清げならぬをば敢へて仕うまつらせ給ふべきにもあらず、物馴らかに、天質好きを撰らせ給へり。然べき童女などは女院よりなど奉らせ給へり。是れはやがて此度の童女の名ども、内人、院人、宮人、殿人などのやうに附け集めさせ給へり。姫君の御有様更なる事なれど、御髪丈に五六寸ばかり餘らせ給へり。御容貌聞えさせん方無くをかしげにおはします。まだいと幼なかるべき程に、聊かいわけたる所無く、云へば疎かにめでたくおはします。見奉り仕うまつる人人も、餘り若くおはしますを、如何に物の榮無くやなど思ひ聞えさせしかど、あさましきまで大人びさせ給へり。萬づ珍らかなるまでにて參らせ給ふ。昔の人の有樣を今聞き合するにはいとぞ物狂ほしう、その折の人の衣少なに綿薄くて、めでたき折ふしにも出で交らひ、内内にも如何で在り經たらんと覺えたり。此頃の人は、うたて構無きまで著重ねても、猶こそは風なども起るめれ。されば、いにしへの人の、女御、后の御方方など思ふやうに片端にあらずやと見えたり。斯くて參らせ給へるに、上、むげに長び、物の心知らせ給へば、いと物の榮もあり、また恥かしうもおはします。中宮の參らせ給へりし程などは、上もいと若くおはしましゝを、是れは更なる事ながら、御心掟て、御氣色など、すべて末の世の帝には餘らせ給へりとまでぞ、世の人やんごとなき君におはしますと、時の大臣公卿も聞えさせける。故關白殿の御有樣は、いと物華やかに今めかしう、あいぎやうづきて、氣近うぞ有りしかば、中宮の御方は、殿上人も細殿を常にゆかしう、有らまほしげにぞ思ひ

たりし。弘徽殿、承香殿、藏部屋など參り込ませ給ひたり。されど、然るべき宮達も出でおはしまさで、中宮のみこそは斯くて御子達あまたおはしますめれ。此御方藤壺におはしますに、御步飾も、玉も少し磨きたるは光のどかなるやうにもあり、是れは照り耀きて、女房も、少少の人は御前の方に參り仕うまつるべきやうにも見えず。いといみじう、あさましう、樣殊なるまで裝飾はせ給へり。御几帳、御屛風の裝ひまで、皆蒔繪、螺鈿をせさせ給へり。女房は同じき大海の摺裳、織物の唐衣など、昔より今に同じやうなれど、是れは如何にしたるとまでぞ見えたる。女御のはかなう奉りたる御衣の色熏りなどぞ、世にめでたき例にしつべき。御とのゐ頻りなり。吉き日して、御乳母より初め、命婦、藏人、陣の吉上、衞士、仕丁まで、贈物を賜はすれば、年老いたる女官、刀自などに至るまで、世に云ひ知らぬまで御祈りを申し奉る。御乳母達さへ、絹・綾、織物の裝束ども數多く重ねさせ給ひて、衣箱に包ませ給ひて、樣樣の物ども添へさせ給へり。此御方に召し使はせ給はぬ人をば、世にかたじけなく畏まりをなし、世にすずろはしく云ひ思へり。偶召し使はせ給ふをば、世にめでたく羨しう思ひて、幸ひ人とぞ附けたる。只今內邊り華華とめでたくいみじきに、三條の大后の宮は、此朔日の日亡せさせ給ひにしかば、其れを彼の宮には哀れに悲しきものに思ふべし。世の定め無きのみぞ萬づに思ひ知られける。上、藤壺に渡らせ給へれば、御しつらひ有樣は然もこそあらめ、女御の御有樣、もてなし、あはれにめでたく思し見奉らせ給ふ。姬宮を斯樣に育し奉らばやと思召さるべし。此御方方、皆長び調らせ給ひ、成人させ給へれば、只今此御方をば我か御姬宮をかしづき据ゑ奉らせ給へらんやうにぞ

御覽ぜられける。年頃の御目移り譬しへ無く、あはれにらうたく見奉らせ給ふべし。打撒渡らせ給ふよりして、此御方の匂ひは只今ある薫香ならねば、若しは何くれの香の香にこそ有なれなども考へず、何とも無く沁み薫り、渡らせ給ひての御移香は、他御方方にも似ず思されけり。はかなき御櫛の箱、硯の箱の中よりして、をかしく珍らかなる物どもの有様に、御覽じ著かせ給ひて、明け立てば先づ渡らせ給ひて、御厨子など御覽ずるに、何れか御目留まらぬ物の有らん。弘高が歌繪書きたる草紙に、行成の歌書きたるなど、いみじうをかしう御覽ぜらる。餘り物興じする程に、むげに政知らぬ痴者にこそなりぬべかめれなど、仰せられつつぞ渡らせ給ひける。晝間などに御殿籠りては、餘り稚き御有様なれば、參り寄れば翁と覺えて我れ恥かしうぞなど宣はする程も、只今ぞ二十歳ばかりにおはしますめる。同じ帝と申しながらも、如何にぞや、片成りに飽かぬ所もおはしますものを、此上は、いみじう御容より初め、清らにあさましきまでぞおはします。大御酒などは少し聞し召しけり。御笛をえも云はず吹き澄まさせ給へれば、侍ふ人人もめでたう見奉る。打解けぬ御有様なれば、是れ打向きて見給へと申させ給へば、女御殿、笛をば聲をこそ聞け、見るやうやはあるとて、聞かせ給はねば、然ればこそ、是れや稚き人、七十の翁の云ふ事を斯くのたまふよな、あな恥かしやと、戯れ聞えさせ給ふ程も、侍ふ人人、あなめでたや、此世のめでたき事には、只今の我等が交らひをこそせめとぞ云ひ思ひける。なにはの事も比ばせ給ふこと無き御有様におはします。はかなく年も復りぬれば、今年は后に立たせ給ふべしと云ふ事、世には申せば、この御前の御事なるべし。中宮は宮宮の御事を思し扱ひな

どして、參らせ給ふべき事只今見えさせ給はず。內には今宮を今まで見奉らせ給はぬ事を、安からぬ御歎きに思召したり。帥殿は其儘に一千日の御齋にて、法師恥かしき御行ひにて過ごさせ給ふ。今は一の宮斯くておはしますを、一天下の燈火と賴み思さるべし。げに道理に見えさせ給ふ。一の宮の御祈りを、えも云はず思し惑ふべし。中宮は、明暮我が參らずとも、宮斯くておはしませば、然りとも今はと、心のどかに思召すべし。女院にも、藤壺の御方をば、固より殿の御前、女院に任せ奉ると申し初めさせ給ひしかば、いとやんごとなく、嬉しきものに思ひ聞えさせ給ふ。中宮をば心苦しく、いとほしきものにぞ思ひ聞えさせ給ひける。此頃藤壺の御方、八重紅梅を織りたる上衣は皆から綾なり。殿上人などは花折らぬ人無く、今めかしう思ひたり。立たん月には藤壺退かでさせ給ふべしとて、土御門殿いみじう拂ひ、いとど修理加へ磨かせ給ふ。斯くて二月になりぬれば、朔日頃に出でさせ給ふ。上、いと飽かず寂寂しき御氣色なれど、有るやうあるべしとぞ世人申すめる。さて出でさせ給ひぬ。御送りの上達部、殿上人、隨身の祿どもありて歸り給ふ。斯かる程に、內邊り徒然に思されて、此隙に如何で一の宮見奉らんと思召せど、萬づ愼ましうて、え宣はせぬに、殿、此頃こそ一の御子見奉らせ給はめと奏せさせ給へば、いといと嬉しう思召されて、院にも聞えさせ給へば、中宮參らせ給ふべき由度度あれど、愼ましうのみ思召すに、まめやかに院も聞えさせ給へば、宮思し立たせ給ふ。帥殿なども、などてか、宮見奉らせ給はんに、いとど御志こそ勝らせ給はめ、疎かなるべきやう無しなど定めさせ給ひて、倉卒ぎたちて、二月朔日に參らせ給ふ。御輿なども ことごとしければ、一の宮參らせ給

ふ御迎にとて、大殿の唐の御車をぞ率て參れる、其れに宮も姫宮もやがて奉れり。然るべき人人皆御迎に數へたてて參らせ給ふ。殿の御心樣あさましきまで有り難くおはしますを、世にめでたき事に申すべし。帥殿も、我が御心の如何なればにか、いと思はずなりける殿の御心かな、女御參り給ひて後は、よもとこそ思ひ聞えつるに、一の宮の御迎の有樣などぞ眞に有り難かりける御心なりける。我等はしもえ斯くはあらじかしとぞ、内内には聞え給ひける。さて參らせ給へれば、姫宮愛くしき程にならせ給へるに、又今宮の、えも云はず輝らかにおはしますに、帝御目拭はせ給ふべし。女一の宮も四つ五つばかりにおはしませば、物などいと善う宣はす。女院も吉き夜とて、今宮見奉らせ給ふに、上の御見生ひにぞいと善う似奉らせ給へる、あはれに愛くしう見奉らせ給ふ。猶有り難うやんごとなく、捨て難きものに思ひ聞えさせ給へるも道理に見えさせ給ふ。然て日頃おはしませば、殿の御前、今宮を見奉らせ給ひて、抱き持ち、愛くしみ奉らせ給ふ。步りかせ給ふまで見奉らせ給はざりける事と、誰も御子の愛しさは知らせ給へる事なれば、哀れに見奉らせ給ふ。上の御笛を取らせ給へば、いとゆゆしく愛くしう見奉らせ給ふ。萬づ心のどかに、宮に、泣きみ笑ひみ、唯だ御命を知らせ給はぬ由を、夜晝語らひ聞えさせ給へど、宮、例の御有樣におはしまさず。物心細げに、哀れなる事どもをのみぞ申させ給ふ。此度は參るに愼ましう覺え侍れど、今一度見奉り、又今宮の御有樣覽心めたくて、斯く思ひ立ち侍るなりなど、まめやかに哀れに申させ給ふを、上、否や、如何なれば、など斯くは宣はするぞなど聞えさせ給へど、猶物の心細くのみ覺え侍るなど、常なるまじき御事どもをのみ、あは

れ、うたてゆゆしく仰せらるる。身をばとも斯うも思ひ侍らず、唯だ幼き御有様どもの後心めたさになど、いみじう聞えさせ給ひけり。斯くて三月に、藤壺后に立たせ給ふべき宣旨下りぬ。中宮と聞えさす。この侍はせ給ふをば皇后宮と聞えさす。やがて三月晦日に大饗せさせ給ひて、又入らせ給ふ。今年ぞ十三にならせ給ひける。あはれに若くめでたき后にもおはしますかな。皇后宮今日明日出でさせ給ひなんとするを、切に猶猶と聞えさせ給ふ。二月に參らせ給へりしに、朔日頃に里にて御月の御事ありけるに、三月二十日あまりまで、然る事無かりければ、いといと怪しくて、いとど如何にと心細く思さるべし。上も如何なればにかと覺束なげに宣はするにも、其れを嬉しと思ふべきにも侍らず、今年は人の愼むべき年にもあり、宿曜などにも心細くのみ云ひて侍れば、猶いとこそ然あらんにつけても、心細かるべけれなどぞ打語らひ聞えさせ給ひける。三月晦日に出でさせ給ふも、哀れに悲しき事どもを多く聞えさせ給ひて、御袖も一つならず、あまたへ濡らさせ給ふ。返す返す此月の御事の然もあらずならせ給ひぬるを、いでや、さも心憂かるべきかなと、哀れに物のみ心細う思し續けらるるを、ゆゆしう、斯く思はじと思し返せど、いとうたてのみ思さる。

其後つゆ物も聞し召さで、唯だ夜晝涙に浮きてのみおはしませば、帥殿も、中納言殿も、いみじき大事に思し歎きたり。唯だ御祈りの事をのみ急がせ給へど、いさや、世の中に少し人に知られ、人がましき名僧などは、此邊りに親しき様なる事は煩はしきことに思ひて、召し使はせ給へど、萬づに障りをのみ申しつつ、容易くも參らず。然りとて、むげに人に知られぬ程なるは果報にやあらん、驗なども見えぬわざなれば、御祈

り思す樣にもせさせ給はぬを、口惜しきさまに思し歎きたり。賀茂の祭、何やとののしるも、萬づ外にのみ思さるるも哀れなり。俗部の君、清昭阿闍梨などばかりぞ、夜居に常には侍ひ給ふ。此宮達の御扱ひせさせ給ひつつも、且つは我が何時までとのみ先づ知るものに思さるるも、いみじうぞ。中宮は四月晦日にぞ入らせ給ふ。その御有樣推し測るべし。御輿の有樣より初め、何事も新しき御有樣にて、御裳着させ給ひて、御髮上げて、御輿に奉る程など、猶然るべき御身にこそおはしましけれ。斯く若くおはします程は、らうたげに美くしげにおはしまさんこそ世の常なるべけれ。やんごとなき方さへ添はせ給へる、いみじうめでたし。此度は、藤壺の御しつらひ、大床子立て、御帳の前の獅子、狛犬なども、常の事ながら目留まりたり。若き人人いとめでたしと見る。火炬屋、北御門殿の御前にありし、繪に書きたるやうなりしを、此御前にては、また今少し氣色殊なる心地するも、率爾の目なるべし。此度は女房の唐衣なども品品に分れて、差別げざやかなる程ぞいとほしげなる。押しなべて、在りし折は、目留まりても見えざりし織物の唐衣どもの、今見れば、文けざやかに浮きたるもめでたく見え、然しもあらず、人柄などは惡ろからぬも、又心の限りしたる無文などは、いと口惜しうなん。女官なども臈ろに思ひ振るまひたるなど、なかなか目安げなり。上、渡らせ給ひて、御覽じて、前前は心安き遊びものに思ひ聞えさせしを、此度はいとやんごとなき御有樣なれば、かたじけなささへ添ひて、振るまひにくくこそ成りにたれ。さても見初め奉りし頃と此頃とは、こよなくこそ成人させ給ひにけれ。はかなき事あらば勘當ありぬべき御氣色にこそと宣はすれば、侍ふ人人も、いみじう

忍びやかに云ひつつ笑ふべし。はかなく五月五日になりぬれば、人人、菖蒲、楝などの唐衣、上衣などもをかしう、折知りたるやうに見えて、菖蒲の三重かさねの御几帳ども薄物にて立ち亘されたるに、上部を見れば簾の縁もいと青やかなるに、軒の菖蒲も隙無く葺かれて、心殊にめでたくをかしきに、御薬玉、菖蒲の御輿など持て参りたるも、珍らしうて、若き人人見興ず。内には、承香殿を人知れず覚束なく思ひ聞えさせ給ひて、わざとの御使には思召し掛けず。参る人も無ければ、固より此御心寄せの右近の内侍になん御文忍びやかに通はせ給ふと云ふこと、自ら洩り聞ゆれば、殿はとも斯くものたまはせぬに、いと畏き事に畏まり申して、内へも参らず。されば殿の御前、右近の内侍が参らぬこそ怪しけれ、己れを見じとて斯うしたるなめりなどのたまはせけるしもぞ、なかなか無徳う思しけりなど人人思ひ申しける。皇后宮には、あさましきまで物のみ覚え給ひければ、御女弟の四の御方をぞ、今宮の御後見善く仕うまつらせ給ふべき様に、打ち泣きてぞ宣はせける。御匣殿もゆゆしき事をと聞えて、打泣きつつぞ過ぐさせ給ひける。月日もはかなく過ぎもて行きて、内には、いとど皇后宮の御有様をゆかしく思ひ聞えさせ給ひつつ、覚束なからぬ御消息常に有り。宮達の愛くしうおはしますさま限り無し。斯くて七月相撲の節にもなりぬれば、理無き暑さをば然るものにて、今年の相撲は東宮も御覧ぜよと思し掟てさせ給ひて、其用意殊なるべし。七月七日に中宮より院に聞えさせ給ふ。

暮を待つ雲居の程もおぼつかな文見まほしき鵲の橋

院より御返事、

かささぎの橋の絶間は雲居にて行きあひの空を猶ぞ羨む

七月十餘日の程になりぬれば、所所の相撲人ども集りて、左右の大將などの御許には、他事無く、唯だ此諍ぎの事をせさせ給ふ。春宮御覽ずべき年なれば、何事も如何でかなど、思し騒ぐもをかしくなん。月日の過ぎ行くまゝに、皇后宮にはいとど物をのみ思し歎かるべし。

鳥邊野

斯くて八月ばかりになれば、皇后宮には、いと物心細く思されて、明暮は御涙に漬ちて、哀れにて過ぐさせ給ふ。荻の上風、荻の下露も、いとど御耳に留まりて過ぐさせ給ふにも、いとど昔のみ戀しく思されて眺めさせ給ふ。女院よりは覺束なからず御有様聞えさせ給ふ。内よりは唯だにもあらぬ御事を、心苦しう思し遣らせ給ひて、内藏寮より樣樣の物奉らせ給ふ。御愼みをも思す樣にもあらず。御修法二壇ばかり、然べき御讀經などぞ有れど、僧なども先づ然べき所のをば、闕かず勤め仕うまつらんと思ふ程に、此宮の御讀經などには、怪しの代りばかりの者はかばかしからず、何とも無く、睡をのみ寢るにつけても、然もありぬべかりし折に、斯樣の御有樣も有らましかば、如何に甲斐甲斐しからまし。何ぞや、今は唯だ念佛を隙無く聞かばや

と思しながら、又此僧達の、もてなし、有樣、忙しげさなども、罪をのみこそは作るべかめれなど思されて、唯だ然るべき宮司などの掟てに任せられて過ぐさせ給ふ。帥殿、中納言殿などの參り給ふばかりに、萬づ思し慰むれど、唯だ御涙のみこそこぼれさせ給へば、うたてゆゆしう思されて、姫宮、一の宮などの御有樣を、如何に如何にとのみ思ほし見奉らせ給ふ。常の御夜居は僧都の君侍ひ給へり。況して此君達おはせざらましかば、如何にいとど云はん方無からましとのみ思ほし知る事多かるべし。春宮には、宣耀殿のあまたの宮達おはしまして、御中らひいと水漏るまじければ、淑景舍參り給ふこと難し。内邊りには五節、臨時の祭など打續き、今めかしければ、其れにつけても、昔忘れぬ然るべき君達など參りつ。女房達ども物語しつつ、五節の所所の有樣など云ひ語るにつけても、清少納言など出で會ひて、少少の若き人などにも勝りてをかしう誇りかなる氣はひを、捨て難く覺えて、二三人づつ伴れてぞ常に參る。宮は此月に當らせ給ふ。御心地も惱ましう思されて、清昭法橋常に參りて、御讀經立て、戒など受けさせ給ひて、哀れなる事のみ多かり。又然べき白き御調度など、帥殿急がせ給ふにも、今内より持て參りなんなどあれど、此處にも設けであるべきならねば、急がせ給ふ。女房にも衣ども賜はせて、急がせ給ふを、御前一人、御心には思ほし紛るること無くて、はかなく御手習などにせさせ給ひつつ、物哀れなる事どもをのみ書き附けさせ給ふ。帥殿、其儘の御精進なれば、法師に劣らぬ御有樣行ひなるに、只今は此事をのみ申させ給ふ。中納言殿も里に出でさせ給はず、斯くてのみ侍ひ給ふ。若宮も姫宮も、御有樣の世に美くしうおはしますに、何事も思ほし慰みて、我が御命ど

もをこそ知り給はね、宮の御有樣は、何に由りて唯だにはあるべきぞと、思し取りたるにつけても、いみじきものにかしづき聞えさせ給ふ。げに道理かなと見えさせ給ふ。斯かる程に、十二月になりぬ。宮の御心地惱ましう思されて、今日や今日やと待ち思さるるに、今年はいみじう惱ませ給ふべき御年にさへあれば、如何に如何にと日頃思し歎くに、今日になりて、此殿ばら見奉らせ給ふに、晝になりて、いとど苦しげにおはします。然るべき祓、御讀經など隙無し。やんごとなき驗ある僧など召し集めて、ののしり合ひたり。御物の怪などいと譁しう云ふ程に、長保二年十二月十五日の夜になりぬ。内にも聞し召してければ、如何に如何にとある御使頻りなり。斯かる程に御子生れ給へり。女にておはしますを口惜しけれど、然ばれ、平安におはしますを、勝ること無く思ひて、今は後の御事になりぬ。額を突き騷ぎ、萬づに御誦經取り出でさせ給ふに、御湯など參らするに、聞し召し入るるやうにもあらねば、皆人慌て惑ふを、長き事にする程に、いと久しうなりぬれば、猶いといと覺束なし。大殿油近う持て來とて、帥殿御顏を見奉り給ふに、むげに無き御氣色なり。あさましくて、かい探り奉り給へば、やがて冷えさせ給ひにけり。あないみじと惑ふ程に、僧達さまよひ、猶御誦經頻りにて、内にも外にも、いとど額を突きののしれど、何の甲斐も無くて已ませ給ひぬれば、帥殿は抱き奉らせ給ひて、聲も惜まず泣き給ふ。然るべきなれど、然のみ云ひてやはとて、若宮をば抱き放ち聞えさせて、かき伏せ奉りつ。日頃物をいと心細しと思はしたりつる御氣色も如何にと見奉りつれど、いと斯くまでは思ひ聞えさせざりつる。命長きは憂き事にこそありけれとて、如何で御供に參りなんとのみ、

中納言殿も帥殿も泣き給ふ。姫宮、若宮など、皆他方に渡し奉るに附けても、ゆゆしう心憂し。此殿ばらの御折に、宮の内の人の涙は盡き果てにしかど、殘り多かるものなりけりと見えたり。内にも聞し召して、あはれ如何に物を思しつらん、げに有るべくもあらず思ほしたりし御有樣をと、哀れに悲しう思召さる。宮達いと稚き樣にて、如何にと盡きせず思し歎かせ給ふ。女院にもあさましう心憂き御事を思召すに甲斐無し。此度生れ給はん御子は、男女分かず取り放ち聞えさせ給はんと、豫てより思召しければ、中將の命婦とて侍ふを參らせ給ふ。御乳母にも里に出でて宮を迎へ奉らんと思ふに、正月の朔日の程をだに過ぐさんとてなん、あなかしこ、善く眞心に仕うまつれとて、御裝束の料など賜はせ、奉らせ給ひつ。宮に參りたれば、帥殿出であはせ給ひて、萬づに云ひ續けて泣き給ふ。若宮抱き出で奉りて、あはれにいみじうをかしげにて、何とも思したらぬ御氣色も、いと悲しくて涙止まらねど、我は猶言忌せまほしうて、忍ぶるも苦し。さて中將の命婦、萬づに扱ひ聞えさする程も、いみじう哀れなり。上は、中宮の御方にも渡らせ給はず、上らせ給へとあれど、聞し召し入れでなん過ぐさせ給ひける。宮は御手習をせさせ給ひて、御帳の紐に結び附けさせ給へりけるを、今ぞ帥殿、御方方など取りて見給ふに、この度は限りの度ぞ、其後すべきやうなど書かせ給へり。いみじう哀れなる御手習どもの、内わたりの御覽じ聞し召すやうなどやと思しけるにやとぞ見ゆる。

夜もすがら契りしことを忘れずは戀ひん涙の色ぞゆかしき

また、

知る人も無き別れ路に今はとてこころ細くも急ぎ立つかな

また、

煙とも雲ともならぬ身なりとも草葉の露を其れと眺めよ

など、哀れなる事ども多く書かせ給へり。此御言の樣にては、例の作法にてはあらでと思召しけるなめりとて、帥殿急がせ給ふ。鳥部野の南の方に二町ばかり去りて、靈屋と云ふものを造りて、築墻など築きて、此處におはしまさせんとせさせ給ふ。萬づいと所狹き御裝飾しさにおはしませば、事どもも自ら尋常にあらず思し掟てさせ給へり。斯かる事をも宮宮の何とも思したらぬ御有樣どもも、いといみじう悲しう見奉る。宮は今年ぞ二十五にならせ給ひける。其夜になりぬれば、黃金作りの絲毛の御車にておはしまさせ給ふ。帥殿より初め、然るべき殿ばら皆仕うまつらせ給へり。今宵しも雪いみじう降りて、おはしますべき屋も皆降り埋みたり。おはしまし着きて、擔はせ給ひて、內の御しつらひ、有べき事どもせさせ給ふ。やがて御車を舁き下ろさせ給ひて、其れながらおはしまさす。今は退かで給ふとて、殿ばら明順、道順など云ふ人人も、いみじう泣き惑ふ。折しも、雪片時におはし所も見えずなりぬれば、帥殿、

誰も皆消え殘るべき身ならねど行き隱れぬる君ぞ悲しき

中納言

しら雪の降り積む野邊は跡絕えていづくをはかと君を尋ねん

僧都の君、

　ふる里に行きもかへらで君ともに同じ野邊にてやがて消えなん

などのたまふも、いみじう悲し。今宵の車輦に擔かせて、人にも見せまほしう哀れなり。内には、今宵ぞかしと思召し遣りて、夜もすがら大殿籠らず、思ほし明させ給ひて、御袖の氷も、所狹く思召されて、世の常の御有樣ならば、罷まん野邊も眺めさせ給ふべきを、如何にせんとのみ思召されて、

　野邊までも心ばかりは通へども我が行幸とも知らずやあるらん

などぞ思召し明しける。曉に皆人人歸り給ひて、宮には侍ふ人人待ち迎へたる氣色、いと道理に見えたり。おはしまし所雪のかき亂れ降るに、打眺みつつ、此方ざまにおほせし御心地ども、いと悲しく思されたり。斯くて春の來る事も知られ給はず、哀れより外の事無くて過ぐし給ふに、世の中には馬、車の音繁く、前追ひののしる氣はひども、思ふこと無げなるも羨ましく、同じ世とも思されず。御忌の程も過ぎぬれば、院には、今日明日今宮迎へ奉らんとて、三條院に出でさせ給ふ。事ども果てなば、姫宮、一の宮などは内におはしなさせんと思したれど、帥殿などは、容易く見奉り給ふまじければ、其れをぞ内にも心苦しく思召されける。女院には吉き日して、若宮迎へ奉らせ給ふ。帥殿、中納言殿など御送りにと思召せど、まだ御忌の中なり。内にも面づ忌ましう、つつましう思さるる程に、御迎へに藤三位、然るべき女房など、院の殿上人あまたして、御迎へに參れば、渡らせ給ふ。是れにつけても、宮の御方には、哀れに悲しき事盡きせず思さるべし。

率て奉り給へれば、院待ち迎へ見奉らせ給ふままに、生れさせ給ひて三十餘日にならせ給へれど、いと美くしう豐肥よかにおはしまして、かき抱き奉らせ給ふより、いと愛くしげに思ひ聞えさせ給へり。斯かる事どもの思ひ掛けぬ御有樣を、哀れにあさましとも云ふは疎かに悲し。宮には御法事の事急がせ給ふにも、帥殿御涙隙無し。一の宮、姫宮さへ内におはしまさばいと慰む方無からん事を思ひ給ふべし。斯くて麗景殿の尙侍は、春宮へ參り給ふこと有り難くて、式部卿の宮の源中將忍びて通ひ給ふと云ふ事聞えて、宮もかき絶え給へりし程に、亡くならせ給ひにしかば、宮さすがに哀れに聞し召しけり。櫻の面白きを眺め給ひて、對の御方、

同じごと匂ふぞつらきさくら花今年の春は色かはれかし

などぞのたまひける。斯かる程に、大殿は相如の君の家におはしますに、いみじう惱ませ給ふ。只今の大事に是れを思へり。御物の怪のいみじきは然るものにて、我が御心地にも眞に苦しう思さるれば、物狂ほしきまで、世に有りと有る事どもを爲盡させ給ふ。中宮里に出でさせ給ひなどして、いといみじう物騷がし。女院にもいみじう思し歎かせ給ふ。許多の御讀經の驗にや、佛神の御驗の顯るべきにや、所更へさせ給はば怠らせ給ふべき由、陰陽師ども申せば、然るべき所どもを合せ問はせ給へば、尙侍の住み給ひし土御門を吉き方と申せば、渡らせ給ふ。夏の事なれば、然らぬ人だにいと堪へ難き頃なれば、如何に如何にと見奉り思す程に、いと久しう惱み給ひて、隱らせ給ひぬ。いといみじうあさましう、思ひ掛けぬことに、誰も嬉しう思召

す。世にめでたき御事なり。殿の上の御兄弟の中の御方に、道綱の大將こそは住み奉り給ふに、去年より唯だにもあらずおはしければ、此頃然べき程に當り給へりけるを、一條殿は悪しかるべし、外に渡らせ給ふべう、陰陽師の申しければ、吉き方とて、中川に、菅阿闍梨と云ふ人の車宿りに渡らせ給ひて、生まれ給ひにたり。男子にて物し給へば、嬉しう思す程に、やがて後の御事無くて亡せ給ひぬ。大上殘り少なき御齢に、哀れに思し入りたり。殿も哀れに心苦しき事に思し歎かせ給ふ中にも、上の御兄弟の男にて數多おはするも疎くのみぞおはする、是れは一つ御兄弟にて、萬づをはぐくみ聞えさせ給ふ、又此大將殿の御事をも、殿、上、諸心に急がせ給ひしに、敢へ無く心憂き事に思し歎かせ給ふ。大將殿も、大方の哀れは然るものにて、御中らひなどのいとめでたう、此北の方の御緣に世の覺えもこよなかりつるを、樣樣に思ほし歎くも道理に見えたり。大將殿は此兒君をつと抱きて、かの代りと思し扱ふにも、やがて其御罪の御事思すにぞ、我罪の深きなめり、斯かる事どもに、如何で遁れて直道に阿彌陀佛を念じ奉らんと思ふものをと思し惑ふ。さて、とかくなし奉りて、御忌の程も哀れに思さる。此君の御扱ひにぞ思し紛るる事も有べかめる。御乳母我も我もと望む人數多あれど、辨の君とて、賤しからぬ、故上なども、やんごとなきものにていみじう思したりしかば、其御心の忘れ難きに、若し平安にてあらば、必ず是れを御乳附にもなどのたまはせし御かねことども、いと忘れ難くて、やがて其君萬づに知り扱ひ聞ゆれば、殿の上思す樣に思されたり。斯くて今年は、女院の御四十の賀、朝廷ざまにせさせ給ふべければ、春よりその御調度どもせさせ給ふに、春と思召ししかど、殿

の御心地の例ならざりしかば、其れに障りて、七月にと思し定めさせ給ひけるに、院も又御八講せさせ給はんとて、是れを大事に萬づ思し急がせ給ふ。七月にと思召しけれど、世の中物騒がしう思されて、過ぐさせ給ふに、例の九月も御石山詣なれば、萬づ差し合ひ、物騒がしく思されて、石山詣の後にや先にや定め難し。若宮、日に添へて美くしうおはしまして、匍ひ膝行らせ給ひて、御念誦の妨げにおはしますに、いと理無きわざかなと、持て扱ひ聞えさせ給ふ程に、眞に愛くしういみじと思ひ聞えさせ給ひて、内に率て奉らせ給へれば、内も、いと愛くしうあはれに思ひ聞えさせ給ひて、抱き奉らせ給ひつつ歩りかせ給ふに、倣はせ給ひて渡らせ給へば、慕ひ聞えさせ給ひて泣かせ給ふ程も、いと愛くしう思え聞えさせ給へり。院の、今更に斯かる人をあづけさせ給ひて、心留まる事と申させ給へば、さて惡しうや侍る、つれづれに思召すに、斯く紛れ侍ればと申させ給ふままに、御涙の浮ばせ給ふを、院もいと哀れに見奉らせ給ふ。斯くて忍かでさせ給ひて、九月は石山詣とて、女房達皆多急ぎののしる。院の御前は、例の御帳の帷布、石山の僧に法服、被け物など急がせ給ふものから、怪しう心細りのみ思さるる事多かり。其御氣色を見奉りて、侍ふ人人も、うたてゆゆしきまでに思ひ歎くべし。京出でさせ給ひて、粟田口、關山の程、わざとならねど、木隱れわたる道の邊など、物心細う聞ゆ。萬づ哀れに思召されて、

あまたたび行きあふ坂の關水に今は限りの影ぞかなしき

と宣はすれば、御車に侍ふ宣旨の君、

年を經て行きあふ坂のしるしありて千年の影をせきも止めなん

とぞ申し給ふ。さて參り着かせ給ひて、御堂に參らせ給ふより、萬づ哀れに悲しう思召されて、年頃參り馴れつる御前に、是れは限りの度ぞかしと思されて、いみじう悲しう思召さる。例の樣に御祈り、修法などにはあらで、波羅生善の爲めとて讀經をぞ行はせ給ふ。萬づに哀れなる度の御祈りをぞさせ給へば、御寺の僧どもも、有るまじき事に、如何に衰えさせ給ふにかと、怪しう侮ち申せど、などてか、是れこそ參り果ての度、命の限りと思ひ志したる宮仕の限りなりとて、綾、織物の御樣の帷布、銀の鉢ども、僧どもに、別當より初めて、數を盡して、法服ども配らせ給ふ。同じく僧供養せさせ給ひて、御寺の封など加へさせ給ひて、御誦經など心殊にせさせ給へり。又萬燈會などせさせ給ひて、還でさせ給ふとて、いみじう泣かせ給ふ。侍ふ人人もいと悲しう見奉る。御寺の僧ども御萬歳を祈り奉る。出でさせ給ひて、程無く御八講始めさせ給ふ。すべて年頃の御八講には勝れたる程措し置るべし。講師達、此世後の世の御事めでたう仕うまつる。萬づを思し急がせ給ふ。御儀式、有樣、聞えさすれば疎かなり。ゆゆしきまで殿も其御氣色を見奉らせ給ひて、萬づの山山寺寺の御祈りせさせ給ふ。斯くて十月に御賀あり、土御門殿にてせさせ給ふ。行幸などあり。いといみじうめでたし。御屏風の歌ども、上手ども仕うまつれる多かれど、同じ筋の事なれば書かず。八月十五夜に男女物語して、妻戸の下に居たるに、蟀の資忠、

天の原宿し近くは見えねどもすみ通はせる秋の夜の月

神樂したる所に、鶏證、

　神山に採るさかき葉の本末に群れ居て祈る君がよろづ代

などぞ有りし。舞人、家の子の君達なり。事ども漸う果つる程に、殿の君達二所は童にて舞ひ給ひ、高松殿の御腹の巖君は納蘇利舞ひ給ひ、殿の上の御腹の鶴君は陵王舞ひ給ふ。殿の有樣、目も遙かに面白し。山の紅葉錦を濯し、中島の松に掛かれる蔦の色を見れば、紅・蘇枋の濃き薄き、青う黄なるなど、樣樣の色のきらめきたる、裂帛などを造りたるやうに見ゆるぞ世にめでたき。池の上に同じ色色樣樣の紅葉の錦映りて、水のけざやかに見えて、いみじうめでたきに、色色の錦の中より立ち出でたる船の樂、聞くに漫ろ寒く面白し。すべて口も利かねば、え書きも續けず。萬づの事為盡させ給へり。中宮、西の對におはしまして、院は寢殿におはしませば、上も東の南面におはします。殿の上は東の對におはしまして、上達部などは寢殿に着き給へり。諸大夫、殿上人などは蝎舍に着きたり。院の女房、寢殿の西南の渡殿に侍ふ。御簾の際などいみじうめでたし。事ども果てて、行幸還らせ給ふ。御贈物、上達部の祿、殿上人の被け物など、皆為盡させ給へり。神無月の日もはかなく暮れぬれば、皆事ども果てて、院は三條院に又の日ぞ還らせ給ふ。前前の御賀などは如何がありけん、是れはいとめでたし。入道殿の六十の賀、院の后の宮と聞えさせし時せさせ給ひしも、いと斯くはあらざりきとぞ思されける。此君達の御美くしさを、誰も誰も涙禁めず見奉る人人多かり。霜月には、五節をば然るものにて、神事ども繁かるべければ、やがて此月に内へ參らせ給ふ。上、いみじう

嬉しと思されて、いつしかと渡らせ給へり。若宮はいみじう愛くしうおはしませば、他事無く、是れを翫ばせ給へば、戯れ聞えさせ給ふ。御物語のついでに、怪しく物心細く覺え侍れば、如何なるべきにかとのみ思ひ給ふる。今は命も惜しうも覺え侍らねども、御有様の今少しゆかしう覺えさせ給ふこそ飽かぬ事に侍れなど聞えさせ給ひて、いみじう泣かせ給へば、上も堰き敢へ難く思されて、然様にもおはしまさば、世には如何でか片時も侍らんとなん思う給ふる。圓融院は見奉らずなど侍りし中にも、また稚う侍りし程なりしかばこそ斯くて今までも侍れ。御前の御有様を、暫しも見奉らではと、ゆゆしう泣かせ給へば、猶只今の事にはよも侍らじ、怪しう例ならず心細う侍るなりとばかり聞えさせ給ひて、若宮をもてあそばせ聞えさせ給ふ。上は、御心地にいと物歎かしう思召さるれば、やがて中宮の御方に渡らせ給へれば、入らせ給ふより、心殊に物忘れせらるる御有様を、甲斐ありて思ほし召されて、心のどかに御物語などせさせ給ひて、院の御方に參りたりければ、いと心細げに宣はせつるこそ、いと物思はしくなり侍りぬれなど、いと物哀れに宣はすれば、萬づ恥かしう愼ましう思さるれど、院には、殿の御前の、此宮の御事を、昔より心殊に聞えつけ奉らせ給へれば、げに如何なればかと、心騒ぎして思さるべし。哀れなる事をも、をかしき事をも、萬づに聞え置かせ給ひて、暮には疾く上らせ給へ、明日明後日物忌に侍り、この御方にはえ參るまじとて、渡らせ給ひぬ。此程を見奉るに、笑ましうめでたき御中らひなり。晦日になりて、院は出でさせ給ふ。上、常よりもいみじう惜み聞えさせ給ひて、夜更くるまでおはしませば、早渡らせ給ひね、夜更け侍りぬ、出で侍りなんと聞えさ

せ給へば、いと逍遥にて歸らせ給ひぬれば、出でさせ給ひぬ。霜月になりぬれば、神事など繁き頃にて、世の中もいと騒がしうて過ぎもて行く。師走にもなりぬれば、公私分かぬ世の急ぎにて、所分かず營みたり。斯かる程に、女院物の惱せさせ給ひて、惱ましう思召したり。殿、御心を惑はして思召し惑はせ給ふ。はかなく思召ししに、日頃になりぬれば、我が御心地に、如何なればにかと、心細う思さる。內にも、例ならぬ樣に思ほし宣はせしものを、如何がおはしまさんと思ほし召すより、やがて御食なども御覽じ入れさせ給はず。萬づに思し溺りたるを、御乳母達も如何がと見奉る。中宮若き御心地なれど、この御事を樣樣にいみじう思さる。殿、今は醫師に見せさせ給ふべきなり、いと怖ろしき事なりと、度度聞えさせ給へど、醫師に見すばかりにては、生きて甲斐あるべきにあらずと、心強く宣はせて、見せさせ給はず。御有樣、醫師に語り聞かすれば、寸白におはしますなりとて、其方の御療治どもを仕うまつれば、瘥さるやうにもおはしまさず。日頃になりぬればにや、汗など滴えさせ給へれば、誰も心のどかに思ほし見奉るに、唯だ御物の怪どものいといとおどろおどろしきに、御修法數を盡し、大方世に有る限りの事どもを、內方、殿方、院方など、三方に分かれて、萬づに思ほし急ぎたり。內には如何に如何にと　日日に見奉らまほしう思ほしたれど、日次など撰らせ給ひて、日頃は唯だ過ぎに過ぎもて往ぬ。御物の怪どもを四五人に假り移しつつ、各個どものしり合へるに、此三條院の角の神の祟りと云ふ事さへ出で來て、其氣色いみじうあやにくげなり。怖ろしき山にはと云ふ譬へのやうに、いとどしきに、斯かる事さへあれば、所を更へさせ給ふべきなめりと云ふ事出で

來て、御占にも合ふ所は、惟仲の帥の中納言の領る所に渡らせ給ふべきに御定めあり。やがて其日行幸あるべし。斯く苦しげにおはしますに、此若宮はいみじう騒がしう慌てさせ給ふも、御懐を離れさせ給はず、睦れ奉らせ給ふを、御乳母に、是れ抱き奉れとも宣はず。つくづくと凝視らせられ奉らせ給ふ程の御志、いみじう哀れに、氣近き程に侍ふ僧なども、涙を流しつつ侍ふ。年頃あはれにめでたう、人人を育ませ給へる御陰に、隠れ仕うまつり慣れたる人人、如何におはしまさんずらんとより外の事無し。誰も大願を立てて、涙を拭ひて侍ふ。斯かる程に、晦日も近くなりぬれば、世の中物騒がしう営む頃なるに、斯う隔らせ給はぬを、安き心無く、公私の御歎きなり。斯くて行幸あり。今日と聞し召して、いつしかと待ち聞えさせ給ふ程に、午の時ばかりにぞ行幸ある。御輿より下りさせ給ふ程も、心もとなく思召されて、いつしかと見奉らせ給へば、然ばかり苦しげにおはしますに、若宮御懐も離れず出で入りせさせ給ふを、片時の程も心苦しく見奉らせ給ひて、中將の乳母を召し出でて、是れ抱き聞えよと宣はすれば、否とて御懐に入らせ給ひぬ。あさましう有らぬ人に成らせ給へる御容、御涙止まらず思ほし召して、今まで見奉らず侍りける事のいみじき事とて、寫ん方無く、いみじう悲しう思召したり。院も、とも斯くも申させ給ふ事無くて、唯だつくづくと見奉らせ給ひて、打泣かせ給へど、御涙の出でさせ給はぬも、是れはゆゆしき事にこそ有なれと見奉らせ給ふにも、いとど塞きも敢へず泣かせ給ふ。年頃の行幸の御作法に様殊に、ゆゆしうのみおはします。御有樣聞えさせん方無し。許多の女房涙に溺れたり。殿も御心地は賢しう思召せど、萬づに悲しき事を、御直衣

の袖も御濡けげにて、出で入り扱ひ聞えさせ給ふ。やがて今宵外へ渡らせ給ふべければ、彼處の御裝束の事など、萬づに宣はせても、唯だ一所打泣きつつ出で入りせさせ給ふ。行幸の御供の上達部、殿上人、許多の人人、いみじう悲しう、如何におはしまさんとのみ歎き給ふ。上は更に御寢も皆ませ給はず、乳どもなどのやうに、欷歔もよよと泣かせ給ふ。日もはかなく暮れぬれば、殿、早歸らせ給ひなん、夜さりの御渡御、夜更け侍りなんと、いたう慫慂し聞え給へば、帝、あはれに罪深く心憂き者は斯かる身にもありけるかな。此御有樣を見捨て奉る事のいみじき事。云ふ甲斐無き人だに、斯かる折、斯かるやうはあらじかし。心憂かりける身なりや。猶渡らせ給はん所までと、思し宣はすれど、然るべき事にも侯はずとて、猶疾く歸らせ給ふべく奏せさせ給へば、院、物は宣はせねど、飽かで歸らせ給はん事を悲しう思されたり。御手を執らへ奉らせ給ひて、御顏のもとに我が御顏を寄せて泣かせ給ふ御有樣、許多の内外の人響みたり。あなゆゆし、如何で、斯からじ、物騷がしと、大人しき上達部などは制し給ひながら、又打嚬み給ふ。斯くて此若宮は何處へかと宣はすれば、中將の命婦、其れは此宮達のおはします所へとなん殿は申させ給ふと奏すれば、げに然てぞ好からんなど宣はする程に、夜に入りぬれば、御輿寄せて、度度奏すれば、我にも有らで出でさせ給ふ程の御心地、げに思ひ遣り聞えさすべし。限り無き御位なれど、親子の御中の物悲しさを思はし知らぬやうにあらばこそあらめ。萬づ道理に、いみじき程の御有樣ぞ悲しきや。御輿に乘らせ給ふ程の御氣色、ゆゆしきまで思し入らせ給へり。御袖を御顏に押し當てておはします程、唯だつくづくと流れ出でさせ給ふ。殿、

此御送り仕うまつらせ給ふとて、御乳母達、女房達、御前に侍ふべき由仰せ置かせ給ひて、參らせ給ふ心も無く、今の程如何に如何にと、後めたう覺束なう思ほし召す。上はやがて其儘に物も宣はせで、夜の御座に入らせ給ひて、すべて何事も覺えさせ給はで、御使のみ頻りなり。さて殿歸らせ給ひて後、若宮の御乳母、然るべき人々して、姫宮のおはします所に送り聞えさせ給ふ。院の渡らせ給ふをば、御車舁き下ろして、御殿籠りたる御座ながら、殿の御前、彈正の宮など、舁き據せ奉らせ給ひて、やがて殿、御車には侍はせ給ふ。彼處にても、御車舁き下ろして、同じ樣にて下ろし奉らせ給ふ。帥の宮、彈正の宮など、夜晝扱ひ聞えさせ給へば、同じくやがて皆仕うまつらせ給へり。此宮達は、御甥ばかりにおはしませば、内の御有樣に差し次ぎて扱ひ聞えさせ給へる御志の程を、思ほし知りて仕うまつらせ給ひて、皆御涙に溺れさせ給へり。所など更へさせ給へれば、然りともなど賴もしう思召す程に、渡らせ給ひて、二三日ありて、遂に空しくならせ給ひぬ。殿の御心惑へ聞えさせん方無し。内にも聞し召して、日頃も、在るにも在らぬ御心地を、すべていとど思し入らせ給ひて、つゆ御湯をだに聞こし召さで、いといみじうておはします。道理の御有樣なれば、聞えさせん方無し。長保三年閏十二月廿二日の事なり。程などもいと寒く、雪などもいと高く降りて、大方の月日さへに殘り少なく、勝の齢はになりたるも哀れを增したる程の御事なり。斯くて三日ばかりありて、鳥部野にぞ御葬送あるべき。事のいみじきに、殿より初め奉りて、萬づの上達部、殿上人、何れかは殘り仕うまつらぬは有らん。おはします程の儀式、有樣、云ふも疎かなり。殿の御心に入れ扱ひ聞えさせ給

ふに、内の御志の限り無き合ひ添ひたる程は、疎かなるべき事かは。さて夜もすがら、殿の萬づに扱ひ聞えさせ給ひて、曉になれば、皆歸らせ給ひぬ。雪のいみじきに、常の行啓には斯くやは有りし。思ひ出で聞えさするにも、袖の氷隙無し。曉には殿、御骨掛けさせ給ひて、木幡へ渡らせ給ひて、日射し出でて歸らせ給へり。さて程も無く御衣の色更りぬ。内にも哀れに過ぐさせ給ふ。天下諒闇になりぬ。はかなくて年も暮れぬ。正月の朔日、ゆゆしなど云ふも、事宜しき折の事にこそありけれ。何處も此御光に當りつゝ限りは、皆昏れ惑ひたり。御念佛は更なり、年頃の不斷の御讀經、すべて然るべき御事、御果てまでと掟てさせ給ふ。内にはやがて御手づから御經書かせ給ふ。正月七日子日に當りたれど、船岡も甲斐無き春の氣色なるに、左衞門督公任の君、院の臺盤所にとぞ有りし。

　誰が爲めに松をも引かんうぐひすの初音かひなき今日にもあるかな

とあれど、人人是れを御覽じて詠み給はずなりぬ。御忌の程も、いみじう哀れなる事ども多かり。斯くて御法事の程にもなりぬれば、花山の慈德寺にてせさせ給ふ。二月十餘日にぞ御法事ありける。其程の事ども思ひ遣るべし。内の御手づから書かせ給へる御經など添へて、供養せさせ給ふ。院源僧都、講師仕うまつりたる程、思ひ遣るべし。斯様に哀れにて、御忌の程も過ぎぬ。其年の祭、いと物の榮無き事ども多かれど、例の公事なれば、止まるべきにもあらねば、近衞司などこそ見所も有れ、其れも立たずなどして、いと寂寂しげなり。斯くて五六月ばかりになりぬるに、宣耀殿の女御、一の宮を見奉らせ給はでいと久しうなりぬる

に、其後限り限りと見ゆるまで、いみじう煩はせ給へば、東宮、御心地を惑はして思したり。いみじうおはしましつれど、昨日今日隠らせ給へり。弾正の宮打延へ御夜行の怖ろしさを、世の人安からず、あいなき事なりと、奇しらに聞えさせ給ひつるに、今年は大方いと騒がしう、何時ぞやの心地して、路、大路のいみじき者どもを見過ぐしつつ、あさましかりつる御夜行の験にや、いみじう煩はせ給ひて、亡せ給ひぬ。此程は新中納言、和泉式部などに思し著きて、あさましきまでおはしましつる御心ばへを、憂きものに思しつれど、上は哀れに思し歎きて、四十九日の程に尼に成り給ひぬ。固よりいみじう道心おはして、二三千部の經を讀みて過ぐさせ給へれば、世のはかなさも思し知られて、いとどしき御行なり。斯くて弾正の宮亡せさせ給ひぬと云ふ事、冷泉院ほの聞し召して、世に亡せじ、善う求めば在りなんものをとぞ宣はせける。哀れなる親の御有様になん。東宮もいみじう思し歎く。帥の宮もいみじう哀れに、口惜しき事に思し歎くべし。然るは今年ぞ二十五に成らせ給ひける。花山院の中にも取り分き何事も扱ひ聞えさせ給ひける。哀れなる世に、如何がしけん、八月二十餘日に聞けば、淑景舎の女御亡せ給ひぬとののしる。あないみじ、こは如何なる事にか、然る事も世に有らず、日頃惱み給ふとも聞えざりつるものをなど、覺束ながる人人多かるに、眞なりけり。御鼻口より血滴えさせ給ひて、唯だ俄に亡せ給へるなりと云ふ。あさましいみじとは常の世なり。世の中はかなしと云ふ中にも、珍らかに心憂き御有様なり。是れを世の人も口安からぬ者なりければ、宣耀殿のいみじかりつる御心地は癒り給ひて、斯く思ひ掛けぬ御有様をば、宣耀殿唯だにもあらず爲立てまつら

せ給へりければ、斯く成らせ給ひぬるとのみ、聞きにくきまで申せど、御自らは、とかく思し寄らせ給ふべきにもあらず。少納言の乳母などや如何がありけんなど、人人云ふめれど、とても斯くても、いと若き御身の、斯くなり給ひぬる事を、帥殿も、中納言殿も、世にいみじき事に思し歎くも疎かなり。春宮にも、わざと深き御志にもあらざりつれど、いつしか事ども協ふ折もあらば、然樣にて在らせ奉り、物華やかに在らせ奉らんと思召しつるを、哀れに口惜しう、戀しくぞ思ひ聞え給ひける。其中にも、御衣の重なり、袖口などは、人見る毎に思ひ出でらるるものをなど、悲しう思しのたまはせけり。御對面などこそは容易からざりつれど、御志は宣耀殿の御競ひには思ほされたりけるものをと、返す返す哀れに口惜しくこそとぞ。

初花

殿の若君鶴君、十二ばかりになり給ふ。今年の冬、枇杷殿にて御冠せさせ給ふ。引き入れには閑院の内大臣ぞおはしましける。すべて殘る人無く參り込み給へりけり。御贈物、引出物など思ひ遣るべし。さて其年暮れぬれば、又の年になりぬ。司召に少將に成らせ給ひて、二月に春日の使に立ち給ふ。殿の初めたる初事に思されて、いといみじう急ぎ立たせ給ふも道理なり。萬づに甲斐甲斐しき御有樣なり。何と無くふくらかにて、美くしうおはすれば、限無きものにぞ見奉らせ給ふ。春日の御供には、世に少し覺えある四位、五位、

六位、殘り無く參らせ給ふ。殿は道の御前にて見奉らせ給ひ、又路の程、御車にても見奉らせ給ふ程、哀れに見えさせ給ふ。立たせ給ひぬる又の日、雪のいみじう降りたれば、殿の御前、

わか菜摘む春日の野邊に雪降れば心づかひを今日さへぞ遣る

御返し、内に大納言、

身を摘みておぼつかなきは行き止まぬ春日の野邊の若菜也けり

かの大納言の御子を御供に參り給ひければなるべし。是れを聞し召して、花山院、

我れすらに思ひこそ遣れ春日野の雪間を如何で鶴の分くらん

など聞えさせ給ふ。又の日は、いつしかと殿の御設け、いと心殊なり。舍人どもの思ひかしづき、いつしかと取り得奉りたる樣に見ゆるも、其方につけてをかしう見ゆ。内には宮宮のあまたおはしますを、帝なん一の宮をば中宮の御代りにも聞えつけさせ給ひて、此御方がちにもてなし聞えさせ給ふ。女一の宮、二の宮などのいと美くしうおはしますを、疎かならず見奉らせ給ひつつ、昔を哀れに思ひ出で聞えさせ給はぬ時無し。故關白殿の四の御方なん、御匣殿とこそは聞ゆるを、此一の宮の御事を、故宮殊に聞えつけさせ給ひしかば、唯だ此宮の御母代にて、萬づ後ろ見聞えさせ給ふとて、上なども繁う渡らせ給ふに、自らほの見奉りなどせさせ給ひける程に、其程を如何がありけん、睦まじげにおはしますなど云ふ事、自ら漏り聞えぬ。中宮は萬づまだ若うおはしまして、何事も思し入れぬ御有樣なれど、かの御方には此御事をいと煩はしう妬ましげに思

し沈むべかめり。帥殿も中納言殿も哀れなりける御宿世かなと思して、人知れぬ御祈りなどせさせ給ふべし。上もいと哀れに思召したるべし。御匣殿は、萬づ峰の朝霧に、又斯く思ほし歎かるべし。帥殿も中納言殿も、宮の内におはしませば、思ひの儘にえ參り給はず。夜忍びて參り給ひては、人にも知られ給はで、二三日などぞやがて侍ひ給ひける。宮達の御有樣の樣樣美くしうおはしますに、萬づを思し慰めつつぞ過ぐし給ひける。此程に、上渡らせ給ひたりなど、然べきには忍びて御物語など宣はせ、奏し給ふべし。中納言は大殿に常に參り給ひて、又見え給はぬ折は、度度呼びまつはし聞え給ひつつ、憎からぬものに思ひ聞えさせ給ひて、此君は憎き心やはある。帥殿の賢さの餘りの心に引かるるにこそなど思ほし召しける。宣耀殿、春宮には、あまたの宮達率ゐて侍らはせ給ふにも、醜ろげならぬ御宿世にやと見えたり。大殿の内侍の督の殿、必ず參らせ給ふべき樣に、世の人申すめり、されど殿の御心掟ての、前前の殿ばらの御樣に、人を無きに爲し給ふ御心の無ければ、其折もなどてかとて、參らせ聞えさせ給はず。中宮には此頃、殿の上の御兄弟にて、藏人の辨と云ひし人の、女いと數多ありけるを、中の君、帥殿の北の方の御兄弟の、則理の君を壻に取り給へりしかども、いと思はずにて絶えにしかば、此頃中宮に參り給へり。容有樣いと美くしう、眞にをかしげに物し給へば、殿の御前・御目留まりければ、物などのたまはせける程に、御志ありて思されければ、眞しう思し物せさせ給ひけるを、殿の上は他人ならねばと、思し許してなん過ぐさせ給ひける。見る人毎に、則理の君はあさましう要をこそ見ざりけれ。是れを疎かに思ひけるよなど云ひ思ひける。大納言の君とぞつ

けさせ給へりける。斯くて有りわたる程に、かの御匣殿は唯だにもあらずおはして御心地なども悩ましう世と共に思されければ、其御氣色を、上もいみじう哀れに思されければ、御心の中にも、如何に如何にと思召しける程に、四五月ばかりになりぬれば、斯くと聞えありて、奏せさせ給ふ事こそ無けれど、煩はしうて退かで出でさせ給ふ。上もいみじう哀れと思し宣はせける程に、いたう悩ましげにおはするを、如何に如何にと思召されけり。帥殿などは、唯たならんよりは御子生れ給はんも悪しかるべき事かはと思はして、萬づに祈らせ給ふ。里に一宮宮の御装束なさ、戀しさなどを思し亂るるに、御心地も眞に苦しう爲させ給ひて、芝臥し悩ませ給ふ。帥殿、我が御許に迎へ奉らせ給ひて、何事も萬づに仕うまつり給ひけれど、欲かに御心地重りて、五六日ありて亡せ給ひぬ。御年十七八ばかりにやおはしましつらん。御容、心様、いみじう美くしうをかしげにおはしまして、故宮の御有様にも劣らず、かい潛め、をかしうおはしましつるを、又斯う唯だにもおはせでさへと、様様、帥殿も中納言殿も思し歎く事も疎かなりや。哀れに心憂し。内内の悲しさよりも、外の聞耳を恥かしう憂き事に思ほし忍ぶれど、斯く本意無き事に、此殿の御有様を、先づ人は聞えさすめり。内には人知れず打歎かれさせ給ひて、御志ありて思召されけりと見るにつけても、いと口惜しう心憂し。はかなく後後の御事どもなどして、御忌など果ててぞ、帥殿も、中納言殿も、内に參り給ひつつ、宮達の御有様を訪きせず思し見奉らせ給ふ。御匣殿のおはせぬ事を、一の宮とりわき忍び戀ひ聞えさせ給ふも[illegible]かならず、哀れに悲しうのみなん。斯く云ふ程に寛弘二年になりぬ。司召など云ひて、殿の君達、上の御腹

の弟君、高松殿の御腹の巖君など、皆御冠し給ひて、程程の御官ども、少將、兵衞佐など聞ゆるに、春日の使の少將は中將になり給ひて、今年の祭の使せさせ給ふ。殿は一條に棧敷の屋長長と造らせ給ひて、檜皮葺、高欄などいみじうをかしう爲させ給ひて、此年頃、御禊より初め祭を、殿も上も渡らせ給ひて御覽ずるに、今年は使の君の御事を世の中揺すりて急がせ給ふ。其日になりぬれば、皆御棧敷に渡らせ給ひぬ。殿は使の君の御出立の事御覽じ果ててぞ御棧敷へはおはします。多くの殿ばら、殿上人引き具しておはします。然しもあらぬだに、此使に出で立ち給ふ君達は、是れをいみじき事に親達は營ぎ給ふわざなれば、況いて先づ道理に見えさせ給ふ。御供の侍、雜色、小舍人、御馬副まで爲盡させ給ふ程、えぞ摸ねばぬや。今年は此使の響きにて、帥の宮、花山院など、わざと御車爲立てて物を御覽じ、御棧敷の前あまた度渡らせ給ふ。帥の宮の御車の後には和泉を載せさせ給へり。花山院の御車は、金漆など云ふやうに塗らせ給へり。網代の御車をすべてえも云はず造らせ給へり。然は斯うも爲べかりけりと見えたり。御供に大童子の大きやかに、年長びたる四十人、中童子二十人、召次どもは郷の俗ども仕うまつれり。御車の後に殿上人引き伴れて、色色の織物にて赤き扇を擴めかし遣ひて、御棧敷の前あまた度渡り歩りかせ給ふ程、唯だの年ならば斯からでもなど、殿見奉らせ給ひつべけれど、使の君の御物の榮に思されて、上達部打微笑み、殿の御前、猶氣色おはします院なりかしな、此男の使に立つ年、我こそ見はやさめと宣はすと聞きしも著るく、意外にも出で給へるかなと皆興じ聞え給ふ。皆事ども成りて、使の君何と無う小さく、ふくらかに、美くしうて渡り給ふ。殿の御

前、御涙唯だこぼれにこぼれさせ給へば、子の愛しさ知り給へる殿ばら、皆同じ様に思し知るべし。世の中の宮、殿ばら、家家の女の童部を、今の世の事としては、物狂ほしう幾重とも知らぬまで著せたる、十二十人押し籠りて候へば、何処の人ぞと、必ず召し寄せて御覧じ問はせ給へば、其宮の、彼殿の、何の守の家など申すを、好きをば見興じ、又然しも無きをば笑ひなどせさせ給ふも、様様いとをかしう、今めかしき有様になんありける。斯かる程に、むげに帥殿の御位も無き定めにておはするを、いといとほしき事なりなど、殿思して、いとほしがりて、准大臣の御位にて、御封など得させ給ふ。中納言は一年より中納言にて兵部卿とぞ聞ゆめる。世の人いと目安き事に喜び聞えたり。今年の十一月に内焼けぬれば、五節もえ参るまじうなりぬ。斯く内の繁う焼くるを、帝いみじき事に思し歎きて、如何で猶然もありぬべくば、疾く降りなんとのみ思し急ぎたり。寛弘三年になりぬ。今年は大殿御嶽精進せさせ給ふべき御年にて、正月より御歩りきなど心解けても無けれど、次次例の作法にて過ぎもて行く。今年は不用にやなど思召されて、四五月にもなりぬ。五月には例の三十講など上の十五日勤め行はせ給ひて、下の十日餘りは競馬をせさせ給はんとて、土御門の馬場屋、埒など、いみじう爲立てさせ給ふ。行幸、行啓など思召しつれど、此頃雨がちにて、事どもえ爲合ふまじき様なれば、然ば唯だならんよりはとて、花山院をぞ、かたじけなくとも、おはしまして、馬の心地など御覧ぜんに、如何かなど申させ給へば、いといみじう物に興ある御心様にて、むげに埋れたりつる心地晴れ侍りぬべかめり。然ば其日になりてと聞えさせ給へれば、院のおはしますべき御用意どもあり。彼院の

御供の僧ども、殿上人など、祿とらせでは如何でかいとかたじけなからん。又御贈物には何をがなと思し設けて、其日になりぬれば、今日の事には、院のおはしますをめでたき事に思されて、いみじうもてはやし聞えさせ給ふ。院もいと興ありと思召したり。さて左右の亂聲などの勝負の程も、いと聞き苦しう、おどろおどろしきまであるも、はしたなげなり。さて其事ども果てぬれば、院還らせ給ふ。御贈物などある中にも、世に珍しき月毛の御馬にえも云はぬ御鞍など置かせても、又いみじき御車牛添へて率きいで奉らせ給ふ。院夜に入りて歸らせ給へば、殿の御方の殿人など御送りに奉らせ給ふ程、猶院の御有様、捨つれど捨てられぬわざと、やんごとなく哀れに見えさせ給ふ。是れを初めて、殿いと御中心好げにおはします。院、御子の宮達の忍び難く戀しく覺えさせ給へば、中務が腹の一の御子、女の腹の二の御子、二宮を殿に申させ給ひて、是れ冷泉院の御子の中に入れさせ給へとある、御消息度度あれば、殿、あはれ聽ふげに思せばこそ斯くも宣ふらめ、さて物狂はしき院に物し給はんからに、子の愛しさを知ろしめすべからず、然ばこそあらめ、其れ苦しからぬ事なり、などかあらざらんとて、承はりぬ、今然らば事の由奏し候ひて、など申させ給ひつ。花山院は冷泉院の一の御子、只今の春宮は二の御子、故彈正の宮は三の御子、今の帥の宮は四の御子にぞおはしますかし。されば内に參らせ給ひて、事の由奏せさせ給ひて、吉き日して、宣旨下させ給ふ。親腹の御子をば五の宮、女腹の御子をば六の宮とて、各皆なべての宮達の得給ふ程の御封ども賜はらせ給ふ。因國に御封ども分ち奉らせ給ひて、宣旨下りぬる由、殿より院に奏せさせ給へれば、物に當らせ給ひて、御使に何をも何

をもと、取り押み被けさせ給ふ。御使歸り參りたれば、殿おはしまいて、物好かりける眞人かな、いみじう多く物を賜はりたるとぞ笑はせ給ひける。斯う樣なる事どもありて過ぎもて行くに、月日もはかなく暮れぬるを、殿、口惜しう御嶽精進を今年は初めずなりぬる事と思召して、されど年だに復りなばとぞ思召されける。三月ばかり、花山院には五六の宮をもてはやし聞えさせ給ふとて、鷄合せさせ給ひて見せ奉らせ給ふ。親王の五の宮をばいみじう愛し思し、女腹の六の宮をば事の外にぞ思されける。斯かる程に、世の中の京童部方分きて、とりどりののしり、他の國まで行きて、諍ひののしりけり。斯かる今めく事どもを聞し召して、かい潜めておはしますこそ善けれ、いでやと思し聞えさせ給ふ程に、院の內の有樣、掟てさせ給ふ事どもいとおどろおどろしういみじ。其日になりぬれば、左右の樂屋造りて、樣樣の樂、舞など調へさせ給へり。殿の君達おはすべう御消息あれば、皆參り給ふ。然るべき殿ばらなども參り給うて、今は事ども成りぬる際に、此鷄の、左の頻りに負け、右のみ勝つに、むげに物腹立たしう心病ましう思されければ、唯だむづかりにむづからせ給へば、見聞き給ふ人人も、心の中にをかしう思し見奉り給ひけり。然萬づに思しむづかりて、殊なる物の榮無くて反れにけり。いとこそをかしかりけれ。斯くて內も燒けにしかば、帝は一條院におはしまし、春宮は枇杷殿にぞおはしましける。斯くて宣耀殿の女御、女宮二所、男宮四所に成らせ給ひぬ。此頃の齋宮には、式部卿の宮の御女ぞ、いと稚くて居させ給ひにし儘におはしましける。世の中ともすればいと騷がしう、人死になどす。然るは、帝の御心も、いと美はしくおはしまし、殿の御政も惡しうもおはしまさ

ねど、世の末になりぬればなめり。年毎には、世の中心地起りて、人も亡くなり、哀れなる事どものみ多かり。斯くて冬にもなりぬれば、五節、臨時の祭をこそ冬の公事にすめるも、過ぎもて行きて、寛弘四年になりぬ。はかなら過ぐる月日につけても哀れになん。正月も朔日より、萬づ急がしうて過ぎぬ。二月になりて、殿の御前、御精進始めさせ給はんとするに、四五月にぞ然らば參らせ給ふべき、猶秋山なん好く侍るなど人人申して、御精進延べさせ給ひて、萬づ愼ませ給ふ。仰ぎの中納言と云ふ人の家にぞ出でさせ給ひける。殿かき籠らせ給へれば、世の中いみじうのどかなり。然て籠りおはしませど、世の御政は猶知らせ給ふ。八月にぞ參らせ給ひける。萬づ親しく思し志し、參らせ給ふ程も疎かならず、推し量りて知りぬべし。然べき僧ども、樣樣の人人、いと多く競ひ仕うまつる。君達多う、族顔うおはしませば、此程如何にと恐ろしう思しつれど、いと平安に參り着かせ給ひぬ。年頃の御本意は是れより外の事無く思召さる。是れを又世の公事に思へり。十二月にもなりぬれば、何事も心の慌だたしげなる人の氣色を、いつしからららとならなんと、誰も待ち思ふ程も、あながちに生きたらん身の程も知らぬ樣に哀れなり。寛弘五年になりぬれば、夜の程に峰の殿も立ちかはり、萬づ行末遙かにのどけき空の氣色なるに、京極殿には督の殿と聞えさするは中の姫君におはします。其御方の女房、小姫君の御方など、いと樣樣に、今めかしげなる有樣にて侍ふ。殿の御前、督の殿の御方におはしまして見奉らせ給へば、十四五ばかりにおはしまして、いみじう美くしげに裝飾らひ据ゑ奉らせ給へり。色色の御衣どもをぞ奉りて居させ給へる。御髪の紅梅の織物の御衣の裾に掛からせ給へる程、

隙無う楊枝掛けたるやうにて、御長には七八寸ばかりは餘らせ給へらんかしと見えさせ給ふ。御髪の香りめでたく、氣高く愛敬づきておはしますものから、華々と匂はせ給へり。うたてゆゆしきまで見奉り給ふ。御前には若き人人七八人ばかり侍ひて、心地好げに、誇りかなる氣色どもなり。又小姫君は九つ十ばかりにて、いみじう美くしう、人形の樣にて、此方彼方紛れ歩りかせ給ふ愛くしさ、紅梅の織物の御衣どもに、萌葱の小袿を奉りて、御色合などの、雛の子の羽立の樣にて見えさせ給ふものから、其れは唯た白くのみこそあれ、是れは匂ひさへ添はせ給へり。少納言の乳母、いと愛くしう護り奉るにも、外の人目にあな羨しと見えたり、末姫君二つ三つばかりにておはしませば、殿の御前、御戴餅せさせ給はんとするに、御裝束まだ奉らねば暫しと宣はす。此御有樣どもに御目移りて、心にも出でさせ給はず。遲く内にも參らせ給ふとて、御使頻りなり。上達部、殿上人多く參りて、やがて御供に内へはと思したり。出でさせ給ふままに、麗はしき御裝ひにて、いと若君の御戴餅せさせ奉らせ給ふ。御乳母の小式部の君いと若やかにて、かき抱き奉りて參り向ふ有樣、尋常にはあらぬ容なり。殿の上は斯う君達あまた出で給へれど、只今の御有樣二十ばかりに見えさせ給ふ。小やかにをかしげに、ふくらかに、いみじう美くしき御樣姿におはしまして、御髪の筋濃やかに清らかにて、御袿の裾ばかりにて、末ぞ細らせ給へる。白き御衣どもを數分かぬ程に奉りて、御脇息に押し掛りておはします程、いとめでたう見えさせ給ふ。中宮の御有樣とりどりに見えさせ給ふ。御前に侍ふ人人も笑ましう見奉るに、紫檀の御數珠の小さやかなるを、わざとならぬ御念誦に、御帶しどけなく掛けて、御

脇息に押し掛かりておはします程、云はん方無く見えさせ給へば、殿の御前、若君抱き奉りたる御乳母の君に、見よ、彼母の御有様は如何が見奉る、なかなか御女の君達の御様にはおとらぬ御有様にこそ若やぎ給へれ、猶御髪の有様よと、いと思はしげに打笑み、見知り聞えさせ給へるも、をかしう思ふ。小姫君のいたう紛れさせ給ふを、あな慌ただしと制し申させ給ふ。斯くて殿の御前出でさせ給うて、むげに日高うこそなりにけれとて、急がせ給ひて、やがて許多の殿ばらの御車引き續けて、内に參らせ給ふ。宮は上の御局におはします。御手習などせさせ給ふは歌などにやとぞ。只今の御年二十ばかりにこそおはしませど、いと若うぞおはします。固よりいと小やかにおはします故なめり。更に猶いと心もとなきまで、小やかせ給へり。御髪同じやうなる事なれど、えも云はず濃やかにめでたくて、御長に二尺ばかり餘らせ給へり。御色白く麗はしう、酸漿などを吹き膨らめて据ゑたらんやうにぞ見えさせ給ふ。尋常ならぬ紅の御衣どもの上に、白き浮文の御衣をぞ奉りたる。御手習に添ひ臥させ給へり。御髪のこぼれ掛からせ給へる程ぞ、あさましうめでたう見奉らせ給ふ。女房所々に打群れつつ、七八人づつ押し凝りて侍ふ。色許されたるは然るものにて、平絹唐衣、無文の唐衣など、様様をかしう見えたり。古の后は童女使はせ給はざりけれど、今の世は御好みにて、様様使はせ給ふ。宿り木、休らひ、など云ふが、長立ち小さくはあらぬが、髪長う、容顔をかしげにて、汗衫ばかりをぞ著せさせ給へる。上の袴は著ず。その姿有様、繪に書きたるやうにて、なまめかしうをかしげなり。然るべき御物語など暫し打申させ給ひて、殿上へ參らせ給ひぬ。例の作法の事ども有りて、いと今めかしう

をかし。上の御局の有様につけても、京極殿の御方方先づ思ひ出で聞えさせ給ふ。中宮も怪しう御心地例にもあらずなどおはしまして、物も聞し召さずなどあれど、おどろおどろしうもてなし騒がせ給はず。思し憚みて、十二月も過ぐさせ給ひにけり。正月にも同じ事に思されて、いと眠たうなどせさせ給へば、上おはしまして、去年の師走に、例の事も無かりし。此月も二十日ばかりにもなりぬるは、心地も例ならずと宣はすめりとあれば、知らず、唯たならぬ事なめり、大臣や上などに聞えんと宣はすれば、物狂ほしと耻ぢさせ給ふに、殿参らせ給へる折、否や、物は知り給はぬかと申させ給へば、宮理無く耻かしげに思召したり。何事にか候ふらんと奏せさせ給へば、此宮は御心地例にもあらずとは知り給はぬか、例は更に寝なども寝給はず、いといみじき宿直人と見え給へるに、此頃は臆ろげならでなん寝き給ふめると宣はすれば、殿の、怪しく面痩せ給へりとは見奉り侍れど、斯く承はる事も候はざりつるに、然は實に、唯だならぬ御心地にやとて、大輔の命婦に忍びて召し問はせ給へば、十二月と霜月との中になん例の御事は見えさせ給ひし。此月はまた二十日に候へば、今暫し試みてこそは御前にも聞えさせめと思う給へてなん。すべて物はしもつゆ聞し召さず、斯う悩ましげに、例ならずおはします。殿に聞えさせんと啓し侍りつれば、いとおどろおどろしうこそは思し騒がめ、暫しな聞えさせそ、眞に苦しからん折にこそと仰せられつれば、と聞えさすれば、殿の御前、何と無く御目に涙の浮ませ給ふにも、御心の中には御嶽の御験にやと、哀れに嬉しう思さるべし。司召など云ひて、此月も立ちぬれば、此御事眞になり果てさせ給ひぬ。殿の上も、其日斯くと聞かせ給ふままに参らせ給

ひて、いとどしう痛はしう、彌病しげに扱ひ聞えさせ給ふ。斯かる程に、二月になりて、花山院いみじう惱はせ給ふ。いみじう哀れ如何にと聞き奉るほどに、御瘡の熱せさせ給ふなりけり。哀れに限りと見ゆる御心地を、醫師など頼み少なく聞えさす。此女腹、彼腹に、あまたの御子達おはするに、各女宮二人づつぞおはしける。我が死ぬるものならば、先づ此女宮達をなん忌の中に皆取り持て行くべきと云ふ事をのみ宣はすれば、御匣殿も、女も樣樣に涙流し給ふ。親腹の弟姫君をば其兄弟の兵部の命婦にぞ生れ給ひけるままに、是れは己れが子にせよ、我は知らずと宣はせければ、やがて然か思ひてぞ養ひ奉りける。斯かる程に、院の御心地不覺になりて、二月八日に亡せ給ひぬ。御年四十一にぞおはしましける、年頃慣れ仕うまつりつる僧俗、哀れに悲しう惜み奉ること限り無し。殿なども、さすがにいたうおはしましつる院を、口惜しう寂寂しきわざかなとぞ聞えさせ給ひける。御野送の夜、怖ろしげなるものを著るとて、命婦、

　去年の春さくらいろにといそぎしを今年は藤のころもをぞ著る

とぞ詠みける。哀れなる事ども多かり。實に御忌の程、此兵部の命婦の養ひ宮を放ち奉りて、女宮達は片端より皆亡せ給ひにければ、貴き人の御心は、いと怖ろしきものにぞ思ひ聞えさせける。兵部の命婦のをば我れは知らずと宣はせければ、思し放ちてけるなるべしとぞ云ひつつ、泣き歎きける。斯かる程に、三月にもなりぬれば、中宮の御氣色奏せさせ給ふべきを、朔日には、御燈の御潔齋なべければ、其れ過ぐして奏せさせ給ふべきなりけり。殿の御心地世に知らずめでたう、嬉しう思召さるる事も疎かなり。今吉き日して、山

山寺に御祈りどもいみじ。里へ出でさせ給ふべきに、四月にと留め奉らせ給へば、其程など過ぐさせ給ふ。此御事今は洩り聞えぬれば、帥殿の御胸潰れて思さるべし。世の人も、若し男におはしまさば疑ひ無げにこそは申し思ひためれど、其程は定め無し。されど殿の御幸ひの程を見奉るに、正に女におはしまさんやとぞ世の人申し騒ぎためる。斯かる程に、内の女二の宮いみじう煩はせ給へば、里に出でさせ給ひて、萬づの御祈り、様様の御修法、御讀經、内にも萬づに掟てさせ給ふに、更にいといみじうおはします由のみ聞し召すに、静心無く如何に如何とに思し亂れさせ給ふ。斯くて四月朔日に中宮出でさせ給ふ。其程の御有様云へば疎かなり。京極殿のいと行末頼もしき松の木立も、めでたう思し御覽ず。様様の御祈り數を盡したり。御修法、今より三壇をぞ常の事にせさせ給へるに、又不斷の御讀經など云ひやる方無し。殿の御前静心無う、安き睡も大殿籠らず。御嶽にも今はたひらかにとのみ御祈り、御願を立てさせ給ふ。斯かる程に、女二の宮むげに不覺に限りにておはしましけるに、岩倉の文慶阿闍梨参りて、御修法仕うまつりけるに、あさましうおはしましける御心地、かき覺し怠らせ給ひぬ。云はん方無く嬉しき事に内にも思召して、律師になさせ給へれば、佛の御験は斯様にこそと、羨ましう思ふ類ひども多かるべし。斯くて四月の祭疾かりつる年なれば、二十餘日の程より、例の三十講行はせ給ふ。五月五日にぞ五卷の日に當りければ、殊更めきをかしうて、捧げ物の用意兼てより心殊なるべし。御堂に宮も渡りておはしませば、續きたる廊まで、御簾いと清やかに懸け渡したるに、御几帳の裾ども、川風に涼しさ増さりて、波の文も氣鮮かに見えたるに、五卷の其折になりぬれ

ば、前前の年などこそ、わざとせさせ給ひしか。今は常の事になりにたれば、事略かせ給ひつれど、今日の御捧げ物はをかしう覺えたれば、事好ましき人人は自ら故故しう爲たり。其れは正あるべき事ならねばにこそあらめ、きたなげなき六位衞府など、薪樵り水など持たるをかし。殿ばら、僧俗、歩み續きたるは、樣樣をかしう、めでたう、尊くなん見えける。苦空無我の譯にてありける讃歎の譯にて、遣水の音さへ流れ合ひて、萬づに御法を說くと聞えなさる。法華經を讀かれ給ひたるも、哀れに淚止め難し。御簾の隙隙の柱もと、僧侶などより、わざとならず出でたる袖口、こぼれ出でたる衣の端など、菖蒲、楝の花、瞿麥、藤などぞ見えたる。上には隙無く葺かれたる菖蒲も、他時に似ずをかしう氣高し。豫てより聞えし枝の氣色も、實にをかしう見えたるに、權中納言、銀の菖蒲に藥玉附け給へり。若き人人は目留めたり。大方世の常の別錦など云ふもの、由ある枝どもに附けたるもをかし。殿の中の有樣、常のをかしさにも、然るべう物せさせ給ふ折は猶外には似ずめでたし。斯くて宮の御捧げ物は、殿上人どもぞ取りたる。皆別錦なるべし。諸大夫達、下れる際の上官どもなどまで、尋常しき人の、競ひに云ふ時の花を挿す心ばへにや、色色の薄樣に押し包みたる心ばへの物をも、持て消たず、捧げいららかしつつ、御簾の內を用意したるこそをかしけれ。それまで目留まる人も無しかし。內の御使には式部藏人定輔參りて、事果てて御返し賜はる。祿は菖蒲襲の織物の袿、濃き袴なるべし。夜になりて、宮また御堂におはします。內侍の督の殿などと御物語あるべし。池の篝火に、御燈の光ども行きかひ、照り增さり御覽ぜらるるに、菖蒲の香も今めかしう、をかしう香りたり。曉に御堂

より局局に退かづる女房達、廊、渡殿、西の對の簀子、寝殿など渡りて、上の御方の御讀經、宮の御方の不斷の御讀經などの、前渡りする程ぞ、私に物へ詣うでて、若き人人あまたして、人は憚らねど我心の限りは人めかしうもてなして、逍遙はせなどして、したり顏に誇すり歩りくも、猶物恥かしうて、逍遙と渡れ歩ろく程こそ哀しなるわざなめれど、思ひ知る類ひども有めるかし。斯くて過ぎもて行きて、今も果てぬれば、心のどかに思召され、人人も思ふに、斯くて皇女二の宮はいと危くおはしましゝを、岩倉の律師、からうじて止め奉りて、佛の御驗嬉しげなりしに、此頃俄に御心地起らせ給ひて、此度は程も無く重らせ給ひて、亡せさせ給ひにけり。今年は九歳にぞおはしましける。哀れに悲しう思召す。大方の惜しさよりも、故女院のいみじう愛しきものに思ひ聞えさせ給へりし程、思し續けさせ給ふにぞ、いみじう思召されける。帥殿、中納言殿など、あさましう涙多うおはしける身どもかなと見え給ふ。一品の宮今は少し物思し知らせ給ふ程なれば、悲しき事を返す返す思し知りたり。猶猶此御前達の御緣[illegible]り深うならせ給ふにつけても、如何なりける御事にかと、返す返す痛う思ふ人のみ多かるべし。あさましと云ひてのみやはとて、然べき所に納めさせ給ふにつけても、哀れに悲しがる中將の命婦、故院の取り參らせさせ給ひし程など、思ひ續け云ひ續くる程、物深からぬ人も涙禁め難し。斯く云ふ程に、はかなう七月にもなりぬ。中宮の御氣はひも、今はわざと御腹の氣はひなども苦しげにおはしまし、容貌からぬ樣に思されたるも、見奉る人、心苦しう思ひ聞えさす。内よりは御使のみぞ頻りに參る。猶外よりは承香殿に御志あるとぞ聞ゆれど、すべて何れの御方も參らせ給ふ事

いと難し。一品の宮内におはしませば、唯だ其御方に渡らせ給ひてぞ御心も慰めさせ給ふ。此二の宮の御事をぞ返す返す思召しける。秋の氣色に入り立つ儘に、土御門殿の有樣云はん方無くいとをかし。池の邊りの梢、遣水の邊りの草むら、おのおの色づき渡り、大方の空の氣色のをかしきに、不斷の御讀經の聲聲哀れ增さり、やうやう涼しき風の氣はひに、例の斷えせぬ水の音なひ、夜もすがら聞き通はさる。一日までは法興院の御八講とののしりし程に、七夕の日にも相別れにけりとぞ。いくその年の步みを過ぐし來ぬらんとのみこそ覺えけれ。斯くて宮の御事は九月にこそ當らせ給へるを、八月にとある御祈りどもあれど、又其れ然べきにもあらず。斯かる御事は月日限りあるわざなりなど、聞え給ふ人人もあれば、げにもと思召さる。程近うならせ給ふ儘に、御祈りども數を盡したり。五大尊の御修法を行はせ給ふ。樣樣其法に隨ひての姿有樣ども、然は斯うこそはと見えたり。觀音院の僧正、二十人の伴僧、とりどりにて御加持參り給ふ。馬場の御殿、文殿などまで、皆樣樣に爲居つつ、其れより參りちがひ集まる程、御前の唐橋などを、老いたる僧の門脇きが渡る程も、さすがに目立てらるるものから猶尊し。故故しき唐橋どもを渡り、木の間を分けつつ歸り入る程も、遙かに見遣らるる心地して哀れなり。心譽阿闍梨は軍荼利の法なるべし。赤衣著たり。齋祇阿闍梨は大威德を敬ひて腰を屈めたり。仁和寺の僧正は孔雀經の御修法を行ひ給ひ、疾く疾くと參り更れば、夜も明けはてぬ。樣樣耳かしがましう、氣怖ろしき事ぞ物にも似ざりける。心弱からん人は過まりぬべき心地して、胸走る。斯く云ふ程に、八月二十餘日の程よりは、上達部、殿上人、然るべきは皆宿直がちにて、階の上、對の簀子

渡殿などに歌聲をしつつ明かす。そこはかとなき若君達などは、讀經爭ひ、今様歌ども聲を合せなどしつつ、一論じ給ふもをかしう聞ゆ。或折は宮の大夫、左の宰相の中將、左兵衞の督、美濃の少將などして遊び給ふ。其れは眞にをかしうて、僧達の何と無きは、眞實だちたるもさすがに心苦し。此頃薫物合せさせ給ひて人人に配らせ給ふ。御前にて御香壇ども取り出でて、様様のを試みさせ給ふ。斯かる程に長月にもなりぬ。長月の九日も昨日暮れて、千代を籠めたる籬の菊ども、行末遥かに頼もしき氣色なるに、昨夜より御心地惱ましげにおはしましかば、夜半ばかりより、囂ましきまでののしる。十日ほのほのとするに、白き御帳に移らせ給ひ、其御裝飾ひ更る。殿より初め奉り、君達四位五位立ち騒ぎて、御几帳の帷布掛けかへ、御疊など持て騒ぎ參る程、いと騒がし。日一日苦しげにて暮させ給ふ。御物の怪ども、様様假り移し、預り預りに加持しののしる。月頃殿の内に許多侍ひつる僧は更にも云はず、山山寺寺の僧の、少しも驗あり行ひすると聞し召すをば、殘らず尋ね召し集めたり。内にはいといと覺束なく、如何なればかと思召して、年頃斯様の方も慣れ知りたる女房ども、一つ車にて參れり。御物の怪おのおの屏風を圍ねつつ、驗者ども預り預りに加持し、ののしり叫びあひたり。其程の囂ましさ、物騒かしさ、推し量るべし。今宵も斯くて過ぎぬ。いと怪しき事に怖ろしう思召して、いとゆゆしきまで、殿の御前物思し續けさせ給ひて、物の紛れに御涙を打拭ひ打拭ひ、つれなくもてなさせ給ふ。少し物の心知りたる大人達は皆泣き合へり。同じ屋なれど、所更へさせ給ふやう有りなど申し出でて、北の廂に移らせ給ふ。年頃の大人達、皆御前近く侍ふ。今は如何に如何にと、、

在る限りの人、心を惑はして、え忍び敢へぬ類ひ多かり。法性寺の院源僧都御願文讀み、法華經此世に弘まり給ひし事など、泣く泣く申し續けたり。哀れに悲しきものから、いみじう修くて頼もし。陰陽師とて世に在る限り召し集めつつ、八百萬づの神も耳振り立てぬは有らじと見え聞ゆ。御讀經の僧ども立ち騷ぎ罵し、其夜も明けぬ。然て御戒受けさせ給ふ程などぞいとゆゆしく思し惑はるる。殿の打添へて法華經念じ奉らせ給ふ。何事よりも頼もしくめでたし。いたく騷ぎて、平安にせさせ給ひつ。許多廣き殿の中なる僧俗、上下、今一つの御事の未だしきに額つきたる程、はた思ひ遣るべし。平安にせさせ給ひて、かき臥せ奉りて後、殿を初め奉りて、許多の僧俗、哀れに嬉しくめでたき中に、男にしさへおはしませば、其喜び斜なるべきにあらず、めでたしとも疎かなり。今は心安く殿も上も御方に渡らせ給ひて、御祈りの人人、陰陽師、僧などに皆祿賜はせ、其程は御前に年古り斯かるすぢの人人皆侍ひて、物若き人人は氣遠くて、所所に休み臥したり。御湯殿の事など、儀式いみじう事調へさせ給ふ。斯くて御臍の緒は、殿の上是れは罪得る事と豫ては思召ししかど、只今の嬉しさに何事も皆思召し忘れさせ給へり。御乳附けには有國の宰相の妻、帝の御乳母の橘三位參り給へり。御湯殿などにも、年頃睦まじう仕う奉り慣れたる人をせさせ給へり。御湯殿の儀式云へば疎かにめでたし。殊に内より御劍即ち持て參りたり。御使には頼定の中將なり。祿など心殊なりつらんを、然るは伊勢の例幣使もまだ歸らざりつれば、内の御使え放漫けて參らず。女房の白裝束どもと見えて、包袋唐櫃など持て來騷ぐ。御湯殿酉の刻とぞある。其儀式、有樣はえ云ひ續けず。火點して、宮の下部ども、緑

の衣の上に白き當色著て、御湯參る。萬づの物に白き覆ひども爲たり。宮の侍の長仲信舁きて、御簾のもとに參る。水仕二人麗はしく裝束きて、取り入れつつ、埋めて御瓮に入る。十六の御瓮なり。女房皆白き裝束どもなり。御湯殿の湯卷など皆同じ事なり。御湯殿は讃岐の宰相の君、御迎湯は大納言の君なり。宮は殿抱き奉らせ給ふ。御佩刀小宰相の君、虎の頭は宮の内侍執りて、御前に參る。御弦打も五位十人、六位十人、御讀書の博士には藏人の辨廣業、高欄の下に立ちて、史記の第一の卷を讀む。護身には淨土寺の僧都侍ひ給ふ。雅通の少將散米を爲ののしりて、僧都に打掛けて、狼狽れ給ふぞをかしき。白裝束どもの樣樣なるは、唯だ墨繪の心地して、いと鮮麗かし。日頃我れも我れもとののしりつる白裝束どもを見れば、色許されたるも、織物の裳、唐衣、同じう白きなれば何とも見えず。許されぬ人も、少し大人びたるは、三重五重の袿に、上衣は、織物の綾紋など白う著たるも、然る方に見えたり。扇なども、わざとめきて輝かさねど、由ばみ書して、心ばへある本文など書きたる、なかなかいと目安し。若き人人は縫物、螺鈿など、袖口に置口をし、銀の左右の絲して伏組し、萬づに爲騷ぎ合へり。雪深き山を月の明きに見渡したるやうなり。形容び遣るべき方無し。三日にならせ給ふ夜は、宮司大夫より初めて、御産養仕うまつる。左衛門督に御前の物、沈の懸盤、銀の御皿どもなど、詳しくは見ず。源中納言、藤宰相、御衣、御襁褓、衣箱の折立、入帷、包、覆ひしたる机など、同じ白さなれど、爲樣、人の心心見えて爲盡したり。五日の夜は、殿の御産養せさせ給ふ。十五夜の月曇り無く、秋深き露の光に、めでたき折なり。上達部、殿上人參りたり。東の對に西向に北を上

にて着き給へり。南の廂に北向に、殿上人の座は西を上なり。白き綾の御屏風を母屋の御簾に添へて立て渡したり。月のさやけきに、池の水際も近う篝火ども照されたるに、勸學院の衆ども歩みて參れり。見參の文ども啓す。祿ども賜はす。今宵の有樣、殊におどろおどろしう見ゆ。物の數にもあらぬ殿上人上達部の御供の男ども、隨身、宮の下部など、此處彼處に群れ居つつ打ち笑み合へり。或るはそのかしげに急ぎわたるも、彼れが身には何ばかりの喜びかあらん。されど新しく出で給へる光もさやけくて、御蔭に隱れ奉るべきなめりと思ふが嬉しうめでたきなるべし。所所の篝火、立炬、月の光もいと明きに、殿の內の人人は、何ばかりの數にもあらぬ五位なども、腰打屈め、世に逢ひ顏にそこはかと無く行きちがふも哀れに見ゆ。若う然べき心安き程の女房八人御膳參る。同じ心に髮上げて、皆白き髻したり。白き御盤ども取り續きて參る。今宵の御給仕、宮の內侍、ものものしう、やんごとなき氣はひしたり。女房、若き人人の、きたなげなきどもなれば、見る甲斐ありてをかしうなん。上達部ども、殿を初め奉りて、攤打ち給ふに、紙の程の論聞きにくく亂がはし。歌などあり。されど物騷がしさに紛れたる、尋ぬれどしどけなう、事繁ければえぞ書きつづけ侍らぬ。女房杯などある程に、如何がはと思ひ休らはる。

　珍らしき光さし添ふさかづきは持ちながらこそ千代をめぐらめ

とぞ紫私語き思ふに、四條大納言、御簾の下に居給へれば、歌よりも、云ひ出でん程の聲遣ひ恥かしさをぞ思ふべかめる。斯くて事ども果てて、上達部には女の裝束に大袿など添へたり。殿上の四位には袷一襲、

袴、五位には袿一襲、六位には袴一具なり。例の有様どもなるべし。夜更くるまで、内にも外にも、様様めでたうて明けぬ。十六日には、又明日は如何にと、昨夜の姿ども爲更ふべき用意どもありけり。其夜は物のどやかにて、女房達船に乘りて遊び、左の宰相中將殿の少將の君など乘り交りて歩りき給ふ。様様をかしう、心ゆく様の事ども多かり。又七日の夜は公の御産養なり。藏人少將道雅を御使にて參り給へり。松君なりけり。物の數書きたる文、柳筥に入れて參れり。やがて啓し給ふ。具し給へる出納、小舍人に至るまで、祿ども賜はせてぞ歸り給ひける。勸學院の衆ども歩みて參れり。見參の文また啓し、祿ども賜ふべし。今宵の有様、一夜の事に勝りて、おどろおどろしう氣色殊なり。内の女房達皆參る。藤三位を初め然るべき命婦、藏人、二車にてぞ參りたる。船の人人も皆怖えて入りぬ。内の女房達に殿出で逢はせ給ひて、萬づ思ふ事無げなる御氣色の、笑みの眉を開けさせ給へれば、見奉る人人、げにげにと哀れに見奉る。贈物ども品品に賜ふ。又の日の御有様、今日はいと心殊に見えさせ給ふ。御帳の中に、いと小やかに、打面痩せて臥させ給へるも、いとど常よりも婉小に見えさせ給ふ。大方の事どもは一夜の同じ事なり。上達部の祿は御簾の中より出ださせ給へば、左右の頭二人取り次ぎて奉る。例の女の裝束に宮の御衣をぞ添へ賜ふべき。殿上人は常の如く公方のは、大袿、衾、腰差など、例の公様なるべし。御乳附けの三位には、女の裝束に織物の細長添へて、銀の衣箱にて、包などもやがて白きに、また包ませ給へる物など添へさせ給ふ。八日、人人色色に裝束き更へたり。九日の夜け、春宮權大夫仕うまつり給ふ。様殊に又爲給へり。今宵は上達部御簾の際に居給

へり。白き御厨子一雙參り据ゑたり。儀式いと樣殊に今めかし。銀の御衣筥、海賦を打ちて、蓬萊なども例の事なれど、細やかにをかしきを、取り放ちては形容び謀すべき方も覺えぬこそ甚ろけれ。今宵は御几帳皆例の樣にて、人人濃き袿をぞ著たる。珍しく艶めきて、透きたる唐衣ども、つやつやと押し亘して見えたり。斯くて日頃經れど、猶いと愼ましげに思召されて、神無月の十日餘りまでは、御帳より出でさせ給はず。殿、夜晝分かず此方に渡らせ給ひつつ、宮を御乳母の懷よりかき抱き給ひて、えも云はず思したるも、げにげにと見え給ふ。御尿などに濡れても嬉しげにぞ思されける。斯く云ふ程に、行幸も近うなりぬれば、殿の内を萬づに裝飾ひ磨かせ給ふ。見所あり、見るに奇しう、法華經のおはすらんやうに、老離り命延ぶらんと覺ゆる殿の有樣になん。斯くて若宮を覺束なう、ゆかしう、内に思ひ聞えさせ給ふに由りての行幸なれば、前前のよりも、殿の御前いみじう急ぎ立ち、いつしかとのみ思し急がせ給ふに、安き眠も大殿籠らず、此御事をのみ御心に沁み思さるるぞ、げにも有りぬべき御事の有樣なるや。神無月の晦日の事となん。斯くて此度の料とて造らせ給へる船ども、寄せて御覽ず。龍頭、鷁首の生ける形思ひ遣られて、鮮やかに麗はし。行幸は辰の刻とあれば、夜より安くもあらず化粧じ騷ぐ。上達部の御座は西の對なれば、此度は東の對の人人少し心長閑かに思ふべし。尙侍の殿の御方の女房は、此御方よりも態なに急ぐと聞ゆ。寢殿の御裝飾など、樣變へ裝飾ひなさせ給ひて、御帳の西の方に御椅子立てさせ給へり。其れより東の方に當れる際に、北南の端に御簾掛け亘して、女房居たる南の柱の下に簾あり。少し引き上げて內侍二人出づ。髮上げ、正はしき姿ども、唯だ

唐綾か、若しは天人の天降りたるかと見えたり。辨の内侍、左衞門の内侍などぞ參れる。とりどり樣樣なる容なり。衣の匂ひ何れも竝べて有り難う美くしく見えたり。近衞の司いとつきづきしき姿して、事ども行ふ。頭の中將頼定の君御鋏執りて内侍に傳へなどす。御簾の中を見渡せば、例の色許されたるは、赤色青色の唐衣に、地摺の裳、上衣は押しわたして蘇枋の織物なり。打衣ども濃き薄き紅葉をこき交ぜたるやうなり。又例の淡う黄なるなど交りたり。色許されぬは無紋、平絹など樣樣なり。下衣皆同じ樣なり。大海の摺裳、水の色鮮やかになどして、是れもいとをかしう見ゆ。内の女房も宮に參りたるは四五人參り集ひたり。内侍二人、命婦二人、御陪膳の人一人、御膳參るとて、皆髪上げて、内侍の出でつる御簾際より出で入り參る。御陪膳は三位、赤色の唐衣に黄なる唐の綺の衣、菊の袿、上衣なり。筑前、左京なども樣樣見なしたり。程遠れにて眞實にも見えず。殿、若宮抱き奉らせ給ひて、御前に率て奉らせ給ふ。御陪膳いと若し。辨の宰相の君御劔執り一參り給ふ。母屋の中の戸の西に殿の上のおはします方にぞ若宮はおはしまさせ給ふ。上の見奉らせ給ふ御心地思ひ遣り聞えさすべし。是れにつけても、一の御子の生れ給へりし折、頓にも見ず聞かざりしはや。猶條理無し、斯かる筋には唯た頼もしう思ふ人のあらんこそ甲斐甲斐しうあるべかめれ。いみじき國王の御位なりとも、後見もてはやす人無からんに理無かるべきわざかなと思さるるよりも、行末までの御有樣どもの思し續けられて、先づ人知れず哀れに思召されけり。宮と御物語など萬づ心長閑かに聞えさせ給ふ程に、むげに夜に入りぬれば、萬歳樂、太平樂、賀殿など舞ひ、樣樣に樂の聲をかしきに、笛の音も鼓の音も面白

きに、松風吹き澄まして、池の浪も聲を唱へたり。萬歳樂の聲に合ひて、若宮の御聲を聞きて、右大臣もてはやし聞え給ふ。左衛門督、右衛門督、萬歳千秋など諸聲にて誦んじ給ふ。主人の大殿、前前の行幸を何どてめでたしと思ひ侍りけん、斯かる事もありけるものをと打誦み給ふを、更なる事なりと、殿ばら同じ心に御目拭ひ給ふ。斯くて殿は入らせ給ひぬ。上は出でさせ給ひて、右大臣を御前に召して、筆執りて書き給ふ。宮司、殿の家司、然るべき限り加階す。頭の辨して、案内奏せさせ給ふめり。新しき御子の御喜びに、氏の上達部引きつれて拜し奉り給ふ。藤氏ながら門分かれたるは列にも立ち給はず。次に別當になり給へる宮の大夫右衛門督、權大夫中納言、權亮侍從宰相など加階し給ひて、皆舞踏す。宮の御方に入らせ給ひて、程無きに夜いたう更けぬ。御輿寄すと喧騒れば、殿も出でさせ給ひぬ。又の朝に内の御使朝霧も晴れぬに參れり。若宮の御戀しさにこそはあらめと推し測らる。其日ぞ若宮の御髮初めて剃ぎ奉らせ給ふ。殊更に行幸の後とて有るなりけり。やがて其日、若宮の家司、近侍、別當、職事など定めさせ給ふ。日頃の御裝飾の亂がはしく樣殊なりつるを、押し反し正はしう賑やかし給ふ。殿の上、年頃心もとなう思されける御事の成り給へるを、思す樣に嬉しうて明暮見奉らせ給ふも、有らまほしき御氣色どもなり。斯く云ふ程に、御五十日、霜月の朔日の日になりにければ、例の女房樣樣心心に爲立て參り集ひたる樣、然べき物合の方分きにこそ似ためれ。御帳の東の方の御座の際に、北より南の柱まで隙も無う御几帳を立て亘して、南面には御前の物參り据ゑたり。西に寄りては大宮の御膳、例の沈の折敷に何くれどもならんかし。若宮の御前の小き御臺六つ、

御匜より初め萬づ美くしき、御箸の臺の洲濱など、いとをかし。大宮の御給仕、辨の宰相の君、女房、皆髮上げて釵子挿したり。若宮の御給仕、大納言の君なり。東の御簾少し上げて、辨の内侍、中務の命婦、中將の君など然るべき限り、取り續き參らせ給ふ。讃岐守大江きよみちが女、左衞門佐源爲善が妻、日頃參りたりつる、今宵ぞ色ゆるされける。殿の上、御帳の内より、御子抱き奉りて膝行り出でさせ給へり。赤色の唐の御衣に地摺の御裳麗はしく裝束きておはしますも、哀れにかたじけなし。大宮は葡萄染の五重の御衣、蘇芳の御小袿などをぞ奉りたる。殿、餅參らせ給ひ、上達部簀子に參り給へり。御座は例の東の對なりつれど、近う參りて醉ひ亂れたり。右の大臣、内の大臣も皆參り給へり。大殿の御方より折櫃物など然べき廷臣君達取り續き參る。高欄に續け据ゑ直したり。立明の心もとなければ、四位の少將や然べき人人など、脂燭さして御覽じて、内の臺盤所に持て參るべきに、明日よりは御物忌とて、今宵皆持て參りぬ。宮の大夫御簾の下に參りて、上達部御前に召さんと啓し給ふ。聞し召すとあれば、殿より初め奉りて皆參り給ひて、柱の東の間を上にて、東の妻戸の前まで居給へり。女房押し凝りて數知らず居たり。その座に當りて、大納言の君、宰相の君、宮の内侍と居給へるに、右の大臣寄りて、御几帳の綻び引き、立ち亂れ給ふを、然しも戲れ給はでもありぬべけれど、其れしもぞをかしうおはする。扇を執り、戲れ言のはしたなき多かり。大夫土杯取りて此方に出で給へり。三輪の山本歌ひて、御遊樣異りたれど、いと面白し。其次の間の東の柱もとに、右大將寄りて、衣の端袖口數へ給へる氣色など、人より殊なり。杯の廻り來るを、右大將は怖ぢ給へど、例の事

無しびに、千年萬年にて過ぎぬ。三位の亮に土杯取れなどあるに、侍從の宰相、内大臣のおはすれば下より出で給へるを見て、大臣醉ひ泣きし給ふ。内なる人さへ哀れに見えけり。氣怖ろしかるべき世の氣はひなめりと見て、事果つる儘に、藤式部の君、宰相の君と云ひ合せて隱れなんとするに、東面に殿の君達、宰相の中將など入りて騷がしければ、二人御几帳の後に居隱れたるを、取り拂はせ給ひて二人ながら捉へさせ給へり。歌一つ仕うまつれ、許さんとのたまはするに、いと侘しう怖ろしければ、式部、

　如何に如何が數へやるべき八千年のあまり久しき君が御代をば

あはれ仕うまつれるかなと、二度ばかり誦んぜさせ給ひて、いと疾くのたまはせける。

　鶴のよはひし有らば君が代の千歳の數もかぞへ取りてん

然ばかり醉はせ給へれど、思す事の筋なれば、斯く續けさせ給へりと見えたり。斯くて例の作法の祓どもなどありて、いとしどけなげにて、踉蹌ひ退かでさせ給ひぬ。殿の御前、宮を女にて持ち奉りたる、麿恥ならず、麿を父にて持ち給へる宮惡ろからず、又母もいと幸ひあり、善き男持給へりなど、戯れのたまはするを、上はいとかたはら痛しと思して、彼方に渡らせ給ひぬ。斯くて十七日には内へ入らせ給ふべければ、其事ども女房押し返し急ぎ立ちたり。其夜になりぬれば例の里のも皆り參り集ひたり。生部は髮上げなどして正にはしき姿なり。四十餘人ぞ侍ひける。いとう更けぬれば、倉卒ぎ立ちて入らせ給ひぬ。女房の車競ろひも有りけれど、例の事なり、聞き入れぬものなりとのたまはせて、殿は聞し召し消ちつ。御輿には宣旨の君乘り給

ふ。絲毛の御車には殿の上、少将の乳母、若宮抱き奉りて乗る。次次の事どもあれど煩さければ書かずなりぬ。昨夜の御贈物、今朝ぞ心長閑かに御覧ずれば、御櫛の箱一雙か内の事ども見盡しやらん方無し。御手箱一雙。片つ方には白き色紙造りたる草紙ども、古今、後撰、拾遺など五帖に造りつつ、侍従中納言行成と、延幹と、各草紙一つに四巻を當てつつ書かせ給へり。懸子の下には、元輔、能宣やうの古の歌詠みの家家の集ども書きて入れさせ給へり。斯様にて日頃も経ぬる程に、五節二十日参る。侍従宰相とあるは内大臣の子實成宰相なるべし。舞姫の装束遣はす。右の宰相中将の五節に御鬘申されたるついでに、箱一雙に薫物入れて遣はす。心葉梅の枝なり。今年の五節いみじう挑み交すなど聞え有り。東の御前に向ひたる立蔀に隙も無く打渡しつつ、點したる火の光に、つれなう歩み参る様どもあはしたなけれど、其道にえ去らぬ筋どもなればこそと見えたり。業遠朝臣のかしづきに錦の唐衣著せたりと喧騒るも、げに様殊に然もありぬべかりけりと聞ゆ。餘り衣厚く著せて嫋やかならぬ様なりと云ふ非難はあれど、其れ今の世の事には悪ろからず右の宰相中将も有るべき限り爲たり。嫋女肥りととのひたる姿ぞ鄙びたりと人微笑みたりし。内の大臣の藤宰相の、はた今少し今めかしき方は勝りて見ゆ。傅女十人、孫廂の御簾下ろして、こぼれ出でたる衣の端ども、したり顔に思へる様どもよりは、見所勝りて、燈影にをかしう見えたり。又春宮亮の五節に宮より薫物遣はす。大きやかなる銀の筥に入れさせ給へり。尾張守も出だしたれば、殿の上ぞ其れは遣はしける。其夜は御前の試なども過ぎて、童女、下仕の御覧如何がとゆかしきに、例の時の程になれば皆歩み續き参り出づる程、内にも外

たも目を附け騷ぎたり。上渡らせ給ひて御覽ず。若宮おはしませば撒米し喧騷る氣はひす。業遠の童女に、青き白橡の汗衫を著せたり。をかしと思ひたるに、藤宰相の童女には赤色の汗衫をきせ、下仕の唐衣に、青色を著せたる程、押し反へ妬たげなり。宰相中將のも五重の汗衫、尾張は葡萄染を三重にてぞ著せたる。袙皆濃き薄き、心心なり。侍從宰相の五節の局、宮の御前唯だ見渡すばかりなり。立蔀の上より簾の端も見ゆ。人の物云ふ聲も仄かに聞ゆ。彼の弘徽殿の女御の御方の女房なん傅女にてあると云ふ事を、ほの聞きて、哀れ昔慣らしけん百敷を物の蔭に居隱れて見るらん程も哀れに、いざいと知らぬ顔なるは懸ろし、言一つ云ひ過ぐらんなど定めて、今宵傅女何方なりしぞ。其れなど宰相中將のたまふ。源少將も同じ事語り給ふ。猶清げなりかしなどあれば、御前の扇多く侯ふ中に蓬萊作りたるを箱の蓋に擴げて、日蔭葛を絙りて圓め置きて其中に螺鈿したる櫛どもを入れて、白い物など然べい樣に入れなして、公ざまに節知らぬ人して、中納言の君の御局より、左京の君の御前にと云はせて差し置かせつれば、彼れ取り入れよなど云ふは、かの我が女御殿より賜へるなりと思ふなりけり。また然思はせんと計畫りたる事なれば、案には計られにけり。贈物を立文にして上に書きたり。

多かりし豐の宮人さし分けてしるき日かげをあはれとぞ見し

かの局にはいみじう恥ぢけり。宰相も唯だなるよりは心苦しう思しけり。小忌の夜は宰相の五節に童女の汗衫、大人の傅女に、皆青摺をして赤紐をなん爲たりけると云ふ事を、後に齋院に聞し召し、をかしうと思召

して、召したりければ、御覽じて、げにいと今めかしう思召して、青き紙の端に書きて、袂に結び附けて返させ給へり。

神代より摺れる衣と云ひながらまた重ねてもめづらしきかな

斯くて臨時の祭になりぬ。使には此殿の權中將出で給ふ。其日は内の御物忌なれば、殿も上達部も、舞人の君達も、皆夜居に籠り給ひて、内わたり今めかしげなる所所なり。殿の上もおはしませば、御乳母の命婦も、をかしき御遊に目も附かで、使の君を偏に凝視り奉りたり。斯くて此臨時の祭の日、藤宰相の御隨身、有りし筥の蓋を此君の隨身に差し取らせて去にけり。有りし筥の蓋に、銀の草子筥を据ゑたり。鏡入れて、沉の櫛、銀の笄を入れて、使の君の鬢掻き給ふべき具と思しくて爲たり。此筥の中に泥にて蘆手を描きたるは、有りし返しなるべし。

日かげ草かがやくほどや紛ひけんますみの鏡くもらぬものを

師走にもなりぬれば、月日の數も殘り少なき哀れなり。花、蝶と云ひつる程に年も暮れぬ。斯くて若宮の、いと物鮮やかにめでたう、山の端より射し出でたる望月などのやうにおはしますを、帥殿の邊りには胸つぶれ、いみじう覺え給ひて、人知れぬ年頃の御心の中の豫期事どもも、むげに違ひぬる樣に思されて、猶此世には人笑はれにて止みぬべき身にこそ有めれ、あさましうもあるかな、珍らかなる夢など見てし後は、然りともと頼もしう、異なる事無き人の例の果て見ではなどこそは云ふなれば、然りともとのみ其儘に精進潔齋を

爲つつ在り過ぎし。ひたみちに佛神を頼み奉りてこそ在りつれ、今は斯うにこそ有めれと、御心の中の物歎きに思されて、空頼にてのみ世を過ぐさんは、いと迂愚がましき事など出で來て、いとど生ける甲斐無き有樣にこそ有べかめれ、如何がすべきなど、御叔父の明順、道順など打語らひ給へば、げに世の有樣は然のみこそおはしますめれ、然りとて又如何がはせさせ給はんとする。唯だ御命だに平安にておはしまさばとこそは頼み聞えさすれなど、哀れなる事どもを打泣きつつ聞えさすれば、殿も、斯くてつくづくと罪をのみ作り積むも、いとあぢきなくこそ有べけれ、物の因果知らぬ身にもあらぬものから、何事を待つにかあらんと思ふに、いとはかなしや。猶今は出家して、暫し行ひて、後の世の頼みをだにやと思ふに、ひたみちに起したる道心にもあらずなどして、山林に居て經を讀み行をすとも、此世の事どもを思ひ忘るべきやうも無し。然て萬づに攀緣しつつせん念誦讀經は甲斐は有らんとすらんやはと思ふに、またえ思ひ立たぬなりなど云ひ續けさせ給ふ。いみじう哀れなる事なりかし。中納言、僧都の君なども世を同じう思しながら、あさはかに、なかなか心安げに見え給ふ。此殿ぞ萬づに世と共に思し亂れたる。世の憂さなめればいとど心苦しうなん。

斯かる程に年復りぬ。寛弘六年になりぬ。世の有樣常のやうなり。若宮いみじう美くしう生ひ出でさせ給ふを、上、宮の御中に率て遊ばせ奉らせ給ひては、帝の宣はする。猶思へど、内に昔稚き子どもを在らせずして、宮達の斯く愛くしうなどあらんを、五歲七歲などにて御對面とて喧騷りけんこそ、今の世に萬づの事の中にいと堪へ難かりける事にありけれ。斯う見ても見ても飽かぬものを、思ひ遣りつつ明け暮さんは戀しかべい事

なりや。此一の宮をこそいと久しう見ざりしか。有樣を人傳てに聞きて怪しからぬまでゆかしかりし事など、打語らひ聞えさせ給ふも、いとめでたし。斯かる程に正月も暮れぬ。宮、其儘に此月頃せさせ給ふこと無かりしに、十二月二十日の程にぞ唯だしるしばかり御覽じたりける儘に、今年斯う今までせさせ給はねば、猶彼折の御名殘にやと思しも寄らぬに、去年の此頃の御心地ぞせさせ給ひける。如何なりけるにかと思召す程に、侍ふ人人も、又事のおはしますべきにこそと私語き聞えさすれば、一方は、何時の程にか然おはしまさんと云ふ者あり。又或るは、然樣のものぞ、又さし續き同じ樣にて出で給へる事は然こそはあれ。有り有りて如何にめでたからんなど申し思へり。殿も上も皆聞し召して、氣色だち思召したり。斯く云ふ程に三月にもなりぬれは、眞に然樣の御氣色に成りはてさせ給ひぬ。殿の御有樣えも云はぬ樣なり。斯く云ふ程に、

自ら世にも漏り聞えぬ。年頃の女御達唯だなるよりは物恥かしう思し知るべし。右の大臣、內の大臣、此は斯かるべき事かは、我等も同じ筋にはあらずや、斯う事の外なる恥かしき宿世なりと思さるべし。三月晦日に出でさせ給ひなんとあれど、帝いと有るまじき御事に聞えさせ給へば、暫しは過ぐさせ給ふ。斯かる程に、殿の三位殿、左衞門督に成らせ給ひにけり。中宮の御祈りは猶里にてと思し急がせ給ひて、四月十餘日の程に出でさせ給ふ。內には如何に覺束なう、此度は若宮の御戀しささへ添ひて、悒せく思し亂れさせ給ふ。さて京極殿に出でさせ給へれば、尚侍の殿、若宮をいつしかと待ち迎へ見奉らせ給ふ。其後御乳母達は唯だ御乳參る程ばかりにて、唯だ尚侍の殿抱き寵くしみ奉らせ給へば、御乳母達もいと嬉しき事に思ひ聞えさせ

たり。中宮の御祈りども前の如し。萬づ爲殘させ給ふ事無し。何れの館かはと思し出づる御有樣なりしかば、前前の僧ども同じ樣の御祈りに掟てさせ給へば、其儘に違はぬ事どもを仕うまつる。此度は男女の御有樣あながちなるまじけれど、猶差並ばせ給はん程の威さはこよなかるべければ、同じ樣を思し志すべし。彼花山院の四の御方は、院亡せさせ給ひにしかば、職司殿に渡り給ひにければ、殿聞し召して、彼れをもがなとは思し召しけれど、思しも立たぬ程に殿の上ぞ常に音なひ聞えさせ給ひけれども、如何なるべい事にか思し立ち離かりけり。斯かる程に、殿の左衞門督を然べき人人いみじう氣色だち聞え給ふ所所あれども、まだとも斯うも思召し定めぬ程に、六條の中務の宮と聞えさするは故村上の先帝の御七の宮におはします。麗景殿の女御の御腹の宮なり。北の方はやがて村上の四の宮、爲平の式部卿の宮の御中姫君なり。母上は故源帥の大臣の御女の腹なり。斯かる御中より出で給へる女宮三所、男宮二所ぞおはします。其姫宮えならずかしづき聞えさせ給ふ。聊か不備なる事も無く、物淸き御中らひなり。中務の宮の御心用ひなど世の常におはしまさず。いみじう御才賢うおはする餘りに、陰陽道も醫師の方も、萬づにあさましきまで足らはせ給へり。作文和歌などの方世に勝れめでたうおはします。心にくく恥かしき事限無くおはします。其宮、此左衞門督殿を志し聞えさせ給へば、大殿聞し召して、いとかたじけなき事なりと畏まり聞えさせ給ひて、男は妻がらなり、いとやんごとなき邊りに參りぬべきなめりと聞え給ふ程に、内内に思し設けたりければ今日明日になりぬ。然るは内などに思し志し給へる御事なれど、御宿世にや、思し立ちて婿取り奉らせ給ふ。御有樣いと

今めかし。女房二十人、童女、下仕四人づつ萬づいといみじう、奥深く心にくき御有樣なり。今の世に見え聞ゆる香にはあらで、げに是れをや古の薫衣香など云ひて世にめでたき物に云ひけんは此薫りにやとまで、押し反し珍らしう思さる。姫宮御年十五六ばかりの程にて、御髮など侚侍の殿の御有樣にいと善う似させ給へる心地せさせ給ふに、めでたき御容と推し測り聞えさせ給ふべし。中務の宮いみじう御氣色殊かならず、哀れに見えさせ給ふ。斯くて日頃ありて、御所顯なれば、御供に參るべき人人、皆殿の御前撰り定めさせ給へり。其夜の有樣聊か心もとなき事無く爲盡させ給へり。男君の御志の程、有樣のめでたさ、御品程に由るわざにもあらずのみこそは有めれ。されど此御中らひいとめでたし。宮いと甲斐ありて思し見奉らせ給ふ。六條に明暮の御歩りきも、路の程などに夜行の夜なども自ら有り會ふらん。いと後めたき事なりと思して、上つ方に然べき御樣にと掟て聞えさせ給ふ。中務の宮今は心安くなりぬるを、今だに如何で本意遂げなんと思し成らせ給ふ。事に觸れて、やんごとなき御有樣をだに、然べき折節、珍らしき節會などには、いと出だし奉らまほしうのみ公に思召さるる事、此度のみにあらねど、すべて然樣に思し掛けさせ給はず、世に口惜しき事になん。斯くて侚侍の殿、春宮に參らせ給はん事もいと近うなりて、急ぎ立たせ給ひたり。斯く參り給ふべしとある事を、宣耀殿には有べい事の今まで斯かる事を思召せば、とも斯くも思しのたまはせぬに、いと怪しうも思し入れぬかなと、侍ふ人人聞えさすれど、今は唯だ宮達の御扱ひをし、其際には行をとこそ思へ、宮の御爲めにいとほしき事にこそあれ、然樣ならん事こそ好かべかめれなど、いと疎かに猶思ひ忍び給

へど、其れに障らせ給ふべき事にもあらぬものから、唯だ卑しき人だに如何がは物は云ふと、有り難う見えさせ給ふ。斯くて中宮の御事の斯くおはしませば、靜心無く殿の御前思召す程に、はかなく秋にもなりぬ。二月より然おはしませば、十一月にはと思召したれば、いと物騷がしうて、尙侍の殿の御參り冬になりぬべう思召しけり。斯かる程に、帥殿の遷りより若宮をうたて申し思ひ給へる樣の事、此頃出で來て、いと聞きにくき事多かるべし。眞にしも有らざらめど、其れにつけても怪しからぬ事ども出で來て、帥殿いとど世の中漫ろはしう思し歎きけり。明順が知る事なりなど、大殿にも召して仰せられて、斯く有るまじき心な持たりそ、斯く稚うおはしますとも、然べうて生れ給へらば四天王守り奉り給ふらん、唯たの童だに人の惡しうするには專ら死なぬわざなり、況んや朧ろげの御果報にてこそ人の云ひ思はん事に由らせ給はめ、眞人達は斯くては天の責を蒙りなん、我がとも斯くも云ふべき事ならず、とばかり御前に召してのたまはせたるに、いといみじう怖ろしう辱しと畏まりて、とも斯くもえ述べ申さで退かり出でにけり。其後やがて心地惡しうなりて、五六日ばかりありて死にけり。是れに附けても、帥殿世を愼ましきものに思し增さる。同じ死と云へども、明順も、折心憂くなりぬる事を、世の人口安からず云ひ思ひけるに、帥殿、如何にか世を在りにくく憂きものになん思し亂れければにや、御心地例にもあらずのみ思されて、御臺なども參らぬにはあらで、なかなか常よりも物を急がしう參りなどせさせ給ひけるに、例ならぬ御有樣を上も殿も怖ろしき事に思し歎きけり。此年頃御歩りき無かりつる程に、古今、後撰、拾遺などをぞ皆設け給へりける。其れに附けても猶人より賢

に殊に御才の限り無ければなりけり。斯かる程に、中宮の御事、御修法、御讀經、萬づの御祈り、はかなき事ども、前の例を思し掟てさせ給ふに、十一月廿五日の程に御氣色ありて惱ましげに思召したり。例の聞きにくきまで鳴り滿ちたり。されど御物の怪などおとなし。其方の心のとかにおはしますも、限無き御祈りの驗なるべし。いみじく平安に程無く御子生れ給ひぬ。萬づよりも又後の御事とののしらせ給ふも、程無くて物せさせ給ひつ。いとめでたき事と思召し喜びたるに、前に劣らぬ男御子生れさせ給へるものか。殿の御前を初め奉り、いと斯かる事は餘りあさましう、空言かとまでぞ思召されける。内にも聞し召して、いつしかと御劍あり。すべて何事も唯だ初めの例を一つ違へず引かせ給ふ。女房の白衣など此度は冬にて、浮紋、堅紋、織物、唐綾など、すべて云はん方無し。此度は袴をさへ白うしたれば、斯くも有りぬべかりけりと、白妙の鶴の毛衣めでたう、千年の程推し測られたり。御湯殿の有樣など初めのにて知りぬべければ書き續けず。御書の博士も同じ人參りたり。すべて世にいみじうめでたき御有樣に、申し遣らん方無し。三日、五日、七日の夜などの御作法、なかなか勝樣にこそ見ゆれ。此度は事慣れぬと、事略かせ給ふ事無し。帥殿は日頃水がちに、御臺なども如何なる事にかとまで聞し召せど、怪しう在りし人にもあらず細り給ひにけり。御心地もいと苦しう惱ましう思さる。打延へ御齋にて過ぐさせ給ひし時は、いみじうこそ肥り給へりしか。今は例の人の有樣にて過ぐさせ給へど、斯かる御事を如何なる事にかと、心細しと思さるるままに、松君の少將何事にも人より勝りて思さるるも、如何がはならんとすらんと哀れに心苦しう思し歎くも道理にいみじう、あらぬ世

を哀れにのみ思さるるも、げにとのみ見え聞ゆ。内には若宮の御戀しさも、今宮の御ゆかしさも、疾く入らせ給へとのみ聞えさせ給ふ。内も燒けにしかば帝は今内裏におはします。東宮は枇杷殿におはします。十二月になりぬれば尚侍の殿の御參りなり。日頃思し志しつる事なれば、朧ろげならで參らせ給ふ。いとあさましうなりぬる世にこそ有めれ。年頃の人の妻子なども皆參り集まりて大人四十人、童女六人、下仕四人。尚侍の殿の御有樣聞え續くるも例の事めきて同じ事なれども、又如何がは少しにてもほの聞えさせぬやうは有らんな。御年十六にぞおはしましける。此御前達、何れも御髪めでたくおはします中にも、此御前勝れ、いと嫗たきまでにおはしますめり。東宮、いと甲斐有りて、いみじうもてなし聞えさせ給へり。内邊り、いとど今めかしさ添ひぬべし。はかなき御具ども、中宮の參らせ給ひし折こそ耀く藤壺と世の人申しけれ。この御參り形容ぶべき方無し。其折よりこなた十年ばかりになりぬれば幾多の事ども變りたる、何程推し測るべし。斯くて參らせ給へれば、春宮むげに長び果てさせ給へれば、いと恥かしうも、やんがとなくも、樣樣御心遣ひ疎かならず。年頃宣耀殿を又無きものに思し見奉らせ給ひつるに、あさましうこよなき程の御齢なれば、唯だ我が御姫宮達をかしづき据ゑ奉らせ給へらんやうにぞ思されける。日頃にならせ給ふままに、やうやう慣れおはします御氣色も、いとどえも云はず美くしう思ひ聞えさせ給ふ。夜毎の御宿直はた更にも云はず、今は唯だ此御方にのみおはします。御具どもを片端より開け擴げて、御目留めて御覽じ亘すに、是れは是れと見所あり、めでたう御覽ぜらる。御櫛の箱の内のしつらひ、小箱どもの入り物どもは更なり、殿

の上、君達などの、我も我もと挑み爲給へるどもなれば、いみじう興ありて御覽ず。中宮の御參りも斯樣にこそは思し掟てさせ給ふめりしか。宣耀殿に、故村上の先帝の彼昔の宣耀殿の女御に爲奉らせ給へりけるには、卷繪の御櫛の箱一雙は傳はりて、今の宣耀殿の女御の御方にぞ候ふを、其中をいみじう御覽じ興ぜさせ給ひしを、是れに御覽じ合はするに、彼れは事の外に古代なりけり。然るは村上の先帝の樣樣の御心掟て、此世の帝の御心よりも勝れさせ給へりけるも、我が御口、筆して仰せ給ひて、造物所の物ども御覽じては直し爲させ給へるを、是れは猶いとこよなう御覽ぜらるるに、時世に從ふ目移りにやと御心ながら思召せど、猶是れはいとめでたければ、殿の御心ざまゝ、あさましきまで何事にも如何で斯くとぞ思召しける。其の御具どもの屛風どもは爲氏、經則などが書きて、道風こそは色紙は書きたれ。いみじうめでたしかし。そのかみの物なれど只今のやうに黴ばまず、鮮やかに用ひさせ給へりしに、是れは弘高が書きたる屛風どもに、侍從中納言の書き給へるにこそは有めれ。いづこは是れに劣り勝りの有るべきなど、御心の中に思召し餘りては、殿や左衞門督などの參り給へると、宣ひ定めさせ給へるに附けても、御年など長びさせ給ひにたれば、何事も見知り、物の榮おはしますにこそ、いと恥かしう、いとど何事に附けても、御用意心殊なり。許多の女房えも云はぬ姿裝束にて、えならぬ織物の唐衣を著、おどろおどろしき大海の摺裳ども引きかけ泚して、扇どもを挿し隠し、打群れ打群れ居ては、何事にかあらん打ち云ひつつ私語き笑ふも、恥かしきまでに思はされて、此御方に渡らせ給ふ折は、心化粧せさせ給ひけり。はかなう奉りたる御衣の匂ひ薫りなども、宣耀殿よ

りめでたう爲立てて奉らせ給ひけり。帝、春宮と申すは、若く稚くおはしますだに心殊にいみじきものに人思ひ聞えさするに、況いて此御前は御年も大人びさせ給ひ、御有樣なども諍節ならず、いとをかしう臈臈しうおはしませば、いと恥かしげなる事なん多くおはしますに、尙侍の殿も他御方方よりも、はかなく奉りたる御衣の袖口、重なりなどの、いみじくめでたうおはしませば、殿の御前もいとどめでたうのみ重ね聞えさせ給ふめり。宣耀殿には、外人も、近きも、如何に思召すらん、安くは大殿籠るらんやなど聞ゆれば、年頃斯かるべい事の斯からざりつれば、宮の御爲めにいと心苦しく見奉れば、今なん心安く見奉るなどのたまはせて、御裝束を明暮めでたう爲立てさせ給ひ、御薫香など常に合せつつ奉らせ給ひける。宮は唯だ母后などのやうに思ひ聞えさせ給へるも、げにとのみ見えさせ給ふ。殿の上は中宮と此女御殿とを覺束なからず渡り參らせ給ふ程も、いと有らまほしうなん。年も復りぬ。寛弘七年とぞ云ふめる。萬づ例の有樣にて過ぎもて行くに、帥殿は今年となりてはいとど御心地重りて、今日や今日やと見えさせ給ふ。何事も月頃爲盡させ給へれば、今は如何がすべきと思し歎き、然るは昨年よりは御封なども例の大臣の定めに得させ給へど、國國の守も、はかばかしく、すがやかに奉らばこそあらめ、いといとほしげなり。御心地いみじうならせ給へば、此姫君二所、藏人の少將とを並め据ゑて、北の方に聞え給ふ。已れ亡くなりなば、如何なる御ふるまひどもをか爲給はんずらん。世の中に侍りつる限りは、と有りとも斯かりとも、女御、后と見奉らぬやうは有るべきにあらずと思ひとりてかしづき奉りつるに、命堪へずなりぬれば、如何が爲給はんとする。今の世の事とて、いみ

じき帝の御女や太政大臣の女と云へど、皆宮仕に出で立ちぬめり。此君達を如何にをかしと思ふ人多からんとすらんな。其れは唯だ他事ならず、己が爲めの末の世の恥ならんと思ひて、男にまれ、何の宮彼の御方よりとて、言も好う語らひ寄せては、故殿の何とありしかば斯かるぞかしと、心を遣ひしかばなどこそは世にも云ひ思はめ。母とておはする人はた此君達の有樣を、はかばかしう後見もてなし給ふべきにあらず。何どて世に在りつる折、神佛にも己が在る折、先に立て給へと祈り請はざりつらんと思ふが悔しき事。然りとて尼になし奉らんとすれば、人聞き物狂ほしきものから、怪しの法師の具どもに成り給はんずかし。哀れに悲しきわざかな。麿が死なん後、人笑はれに人の思ふばかりの振舞有樣掟て給はば、必ず恨み聞えんとす。ゆめゆめ麿が亡からん世の面伏せ、麿を人に云ひ笑はせ給ふなよ、など泣く泣く申し給へば、大姫君、小姫君、涙を流し給ふも疎かなり。唯だ惘れておはす。北の方も答へ給はん方も無く、唯だよよと泣き給ふ。松君の少將などを取り分きいみじきものに云ひ思ひしかど、位も斯ばかりなるを見置きて死ぬる事、我れに後れては如何がせんとする。魂あれば然りともとは思へども、如何にせんとすらんな。いでや、世に在り煩ひ、司位人よりは短し、人と等しくならんなど思ひて、世に従ひ、物覺えぬ追從を爲し、名簿打爲などせば、世に片時在り廻らせじとす。其定めならば唯だ出家して山林に入りぬべきぞ、など泣く泣く云ひ續け給ふを、いみじう悲しと思ひ惑ひ給ふ。げに道理に、悲しとも疎かなり。中納言殿哀れに聞き惑ひ給ひて、何か斯くは思し續くる。げに皆然る事どもには侍れど、何どてか、いと事の外には誰も思はせんなど、いみじう泣き給

へば、君をこそは年頃子の樣に思ひ聞え侍りつれど、斯く我も人もはかばかしからで已みぬる事の哀れに口惜しき事。道雅を猶能く云ひ敎へ給へなど、萬づに云ひ續け泣き給ふ。一品の宮、一の宮も、此御心地を如何に如何にと思し歎く程に、正月二十日餘りになれば、世には司召とて馬車の音も繁く、殿ばらの內に參り給ふなども聞ゆれば、哀れにいみじ。大姬君は只今十七八ばかりにて、御髮濃やかに、いみじう美くしげにて、長に四五寸ばかり餘り給へり。御容有樣、愛敬づき、氣近う臈たげに、色合などいみじう美くしうて、白き御衣どもの上に、紅梅の堅紋の織物を著給ひて、濃き袴を著給へる、哀れにいみじう美くしげなり。中姬君十五六ばかりにて、大姬君よりは少し大きやかにて、いと宿德にものものしう、あな淸げの人やと見え給ひて、御髮は長に三寸ばかり足らぬ程にて、いみじう總やかに賴もしげに見えたり。色色の御衣のなよよかに皆重なりたる、朔日の御裝束どもの萎えたる程と見えたり。いみじう哀れに美くしげなる御容どもに、母北の方小やかに寬大なる樣にて、只今三十餘りばかりにぞ見え給ふ。其れも又いと淸げにておはす。藏人の少將いと色合美くしう、顏つき淸げに、有べき限り、繪に書きたる男の樣して、香に羅の靑き襲ねたる狩襖に、濃紫の堅紋の指貫著て、紅の打衣などぞ著給へる、色合何と無く匂ひ給へるにゝ況していたう泣き給へれば面赤み給へり。帥殿も容、身の才、世の上達部に餘り給へりとまで云はれ給ひつるが、年頃の御物思ひに、肥り煩たうおはしましつるを、此月頃惱み給ひて、やや打細り給へるが、色合などの更に變り給はぬをぞ、人人怖ろしき事に聞ゆる。此姬君達のおはすれば、かたじけなかりて、御烏帽子引き入れて臥し給へり。若

やかなる女房四五人ばかり、薄色の裙ども、かごとはかり引き結ひつけたり。何事も濕り哀れにをかし。遂に正月廿九日に亡せ給ひぬ。御年三十七にぞおはしける。此姫君達、少將など、然りともと思しけるに、あさましう物も覺え給はず。唯だ後れじ後れじと泣き惑ひ給へど、甲斐ある事ならばこそあらめ、いといみじう哀れとも疎かなり。只今いと斯くしもおはしますまじき程に、斯くはかなき樣になり給ひぬれば、年頃然りともの御頼みに、萬づ心長閑かに思しわたりけるを、中宮の若宮、今宮、差し續きて月日の如くにて光り出で給へるに、すべて術無う、今は斯うにこそと思しつるに、御病も附き、御命も縮めてけるにや。此殿の君達は更なり、中納言や頼親の内藏頭、周頼の中務大輔など云ふは、此御兄弟ども、哀れに思ひ歎き給へり。一品の宮、一の宮などの御氣色も疎かなるべきにもあらず、思ひ遣るべし。哀れにいみじき世の中なり。いとど云ふ甲斐無くてはなどぞ人も聞えける。中納言いとど世の中を憂きものに思したるに附けても、帥都の君と打語らひ給ひつつ、猶世を捨てまほしうのみ思し語らひ聞え給ふ。憂き世の中に今は唯だ自らの事になりぬる心地のみすれば、如何にせましと思すに、兼資が女の腹の女君達の哀れさに、萬づをえ捨て給はぬ、哀れなり。小一條の中の君と聞ゆるは、宣耀殿の御弟の君、殿も上もとも斯うも爲さで亡せ給ひにしかば、如何で女御殿に劣らぬ樣の事をなど思し搆へて、春宮の御弟の帥の宮に聞え附け給へりしかば、南院に迎へ給へりしかど、年月に添へて御志淺うなりもて行きて、和泉守道貞が妻を思し騷ぎて、此君をば事の外に出したりしかば、居わづらひて、小一條の祖母北の方の御許に歸り給ひにしぞかし。然れば春宮も宣耀殿も、

此事を我が口入れたらましかば如何に聞きにくからまし、知らぬ事なれば心安しとぞ思しのたまはせける。御幸ひ同じ御兄弟と見え給はず。和泉をば故彈正の宮もいみじきものに思したりしかば、斯く帥の宮もうけばり思すなりけり。故關白殿の三の君、帥の宮の上も、一條邊りに心得ぬ御樣にてぞおはする。又小一條の中の君も如何がとぞ人推し測り聞ゆめる。斯かる程に、六條の宮も亡せ給ひにしかば、左衞門督殿ぞ萬づ思し扱ひ聞え給ふも本意あり。哀れなる御事なり。まこと花山院崩れさせ給ひにしかば、一條殿の四の君は鷹司殿に渡り給ひにしを、殿の上の御消息度度ありて、迎へ奉り給ひて、姫君の御具に成し聞え給ひにしかば、殿萬づに掟て聞え給ひし程に、御志いと忠實に思ひ聞え給ふ。家司なども皆定め、眞しうもてなし聞え給へば、いと有べい樣に有るべかしうて過ぐさせ給ふめれば、院の御時こそ御兄弟達も知り聞え給はざりしか、此度はいとめでたくもてなし聞え給へりけり。中宮の若宮、いみじういと愛くしうて走り歩りかせ給ふ。今年は三歳に成らせ給ふ。四月には、殿、一條の御棧敷にて若宮の物御覽ぜさせ給ふ。いみじう肥らかに、白う愛敬づき、美くしうおはしますを、齋院の渡らせ給ふ折、大殿、是れは如何がとて、若宮を抱き奉り給ひて、御簾を擧げさせ給へれば、齋院の御輿の帷布より御扇を差し出でさせ給へるは、見奉らせ給ふなるべし。斯くて暮れぬれば、又の日齋院より、

光り出づる葵のかげを見てしかば年經にけるも嬉しかりけり

御返し、殿の御前、

もろかづら二葉ながらも君に斯くあふひや神のしるしなるらん

とぞ聞えさせ給ひける。若宮、今宮、打續き走り歩りかせ給ふも、麗ろげの御功德の御身と見えさせ給ふ。中宮を殿はいみじうやんごとなきものに思ひ聞えさせ給へるも道理にこそ。斯くて東宮の一の宮をば式部卿の宮とぞ聞えさするを、廣幡の中納言は今は右の大臣ぞかし。承香殿の女御の御弟の中姫君に此宮壻取り奉り給へり。いでや古代にこそなど思ひ聞えさせ給ふに、其れ然しもあらず、いと目安き程の御有樣なり。殿も殊に若くより覺えこそおはせざりしかど、めでたうののしり給ひし閑院の大將は大納言にてこそは亡せ給ひにしか。此殿は斯く命長くて、大臣まで成り給へればいとめでたし。式部卿の宮、然ばかりにやと思ひ聞え給ひしかども、いと思ひの外に女君も淸げに善うおはし、御心樣なども有らまほしう、何事も目安くおはしましければ、御中らひの志、いと甲斐ある樣なれば、只今は、女御の又無きものに思ひ聞えさせ給ひし父大臣、此宮の上をいみじきものに思ひ聞え給へり。宮もいみじう御心の本性戲れ給ひけれど、此女君を只今はいみじう思ひ聞え給へれば、いと思はずなる事にぞ人人聞えける。彼帥殿の大姫君には、只今の大殿の高松殿腹の三位中將通ひ聞え給ふとぞ云ふと、世に聞えたり。惡しからぬ事なれど、殿の思し掟てしには違ひたり。中將いみじう色めかしうて、萬づの人唯だに過ぐし給はずなどして、御方方の女房に物のたまひ、子をさへ生ませ給ひけるに、此御邊りにおはし初めて後は、こよなき御心落ち居たれど、猶折折の物の紛れぞいと心づき無うおはしける。哀れに志の有るままに、萬づに扱ひ聞え給へば、仕うまつる人も打泣き、女

君も恥かしきまで思しけり。母北の方もとより中の君をぞいみじく思ひ聞え給へりければ、萬づに此御爲めには疎かなる樣に見え給ひける。中の君をば中宮よりぞ度度御消息聞え給へど、昔の御遺言の片端より破れんがいみじさに、只今思しも掛けざめれど、目安き程の御振舞ならば然樣にやと、心苦しうぞ見え給ひける。哀れなる世の中は寢るが中の夢に劣らぬ樣なり。あさましき事は、帥の宮の思ひも掛けざりつる程に、はかなう煩はせ給ひて亡せ給ひにしこそ、猶猶哀れにいみじけれ。內の一の宮御元服せさせ給ひて、式部卿にと思せど、其れは東宮の一の宮さておはします。中務にても二の宮おはすれば、只今空きたるままに、今上の一の宮をば帥の宮とぞ聞えける。御才深う心深くおはしますに附けても、上は哀れに、人知れぬ私物に思ひ聞えさせ給ひて、萬づに飽かず、哀れなるわざかな、斯くやは思ひしとのみぞ打守り聞えさせ給へる。御志のあるままにとて、一品にぞ成し奉らせ給ひける。萬づを次第のままに思召しながら、はかばかしき御後見も無ければ、其方にもむげに思し斷えはてぬるに附けても、返す返す口惜しき御宿世にもありけるかなとのみぞ悲しう思召しける。中宮は御氣色を見奉らせ給ひて、とも斯くも世におはしまさん折は、猶如何でか此宮の御事を然も有らせ奉らばやとのみぞ、心苦しう思召しける。此頃となりては、如何で如何で疾く降りなばやと思し宣はすれば、中宮物を心細う思ほしたり。されど美くしく差し續かせ給へる御有樣をぞ、賴もしうめでたき事に世の人申しける。

岩蔭

斯くて、帝、如何で降りさせ給ひなんとのみ思し宣はすれど、殿の御前許し聞えさせ給はぬ程に、例ならず悩ましうおはしまして、如何なる事にかと思して、御愼みあり。中宮も靜心無く歎かせ給ふ程に、實やかに苦しう思召さるれば、是れより重らせ給ふやうもこそあれと、何事も思し分かるゝ程に、如何さとも斯くもと思召さる。御物の怪など樣樣繁き樣なり。此頃一條の院にぞおはします。夏の事なれば、然らぬ人だに安くもあらぬに、いみじう苦しげにおはしますも、見奉り仕うまつる人、安くもあらず思ひ歎く。六月七八九日の程なり。今は斯くて降り居なんと思すを、然るべき樣に掟て給へと仰せらるれば、殿承はらせ給ひて、春宮に御對面こそは例の事なれとて、思し掟てさせ給ふ程に、又次の春宮には一の宮をとこそ思召すらめと、中宮の御心の中にも思し掟てさせ給へるに、上おはしまして、東宮の御對面急がせ給ふに、世の人如何なるべい事にかとゆかしう申し思ふに、一の宮の御方樣の人人、若宮斯くて頼もしういみじき御中より光り出でさせ給へる、いと煩はしう、然樣にこそはと思ひ聞えさせたり。又或ひは、いでやなど推し測り聞えさせたり。春宮行啓あり。十一日に渡らせ給ふ程、いみじうめでたし。一條院には、如何におはしまさんとすらんとより外の歎き無きに、春宮方の殿上人など、思ふ事無げなるも、常の事ながら、世の哀れなる事、唯だ時の間にぞ變りける。さて渡らせ給へれば、御簾越しに御對面ありて、有るべき事ども申させ給ふ。世にはおどろ

おどろしう聞えさせつれど、いと爽かに萬づの事聞えさせ給へば、世の人の空言をも爲けるかなと宮は思さるべし。位も讓り聞えさせ侍りぬれば、東宮には若宮をなん物すべう侍る。道理のままならば帥の宮をこそはと思ひ侍れど、はかばかしき後見ども侍らねばなん、大かたの御政にも年頃親しくなど侍りつる男どもに、御用意あるべきものなり。みだり心地惑るまでも本意遂げ侍りなんと爲侍り。また然らぬにても在るべき心地も爲侍らずなど、樣樣哀れに申させ給ふ。春宮も御目拭はせ給ふべし。さて歸らせ給ひぬ。中宮は若宮の御事定まりぬるを、例の人におはしまさば是非無く嬉しうこそは思召すべきを、上は道理のままにとこそは思しつらめ、彼宮も然りとも然樣にこそはあらめと思しつらんに、斯く世の響きに由り引き違へ思し置きつるにこそあらめ。然りともと、御心の中の歎かしう安からぬ事とは是れをこそ思召すらめと、いみじう心苦しういとほし。若宮はまだいと稚くおはしませば、自ら御宿世に任せてありなんものをなど、思召いて、殿の御前にも、猶此事如何で然らでありにしがなとなん思ひ侍る。彼御心の中には年頃思しつらん事の違ふをなんいと心苦しう理無きなど、泣く泣くと云ふばかりに申させ給へば、殿の御前、げにいと有り難き御事にもおはしますかな。又然るべき事なれば、げにと思ひ給ひてなん掟て仕うまつるべきを、上おはしまして、有べい事どもをつぶつぶと仰せらるるに、否、猶惡しう仰せらるる事なり、次第にこそと奏し返すべき事にも侍らず。世の中いとはかなう侍れば、斯くて世に侍る折、然樣ならん御有樣も見奉り侍りなば、後の世も思ひ無く心安くてこそ侍らめとなん思ひ給ふる、と申させ給へば、又是れも道理の御事なれば、返し聞えさせ給は

ず。上は御心地の苦しう覺えさせ給ふままにも、宮の御前をまつはしめ聞えさせ給へば、片時立ち去り聞えさせ給はず、いと苦しげにおはします。御讓位六月十三日なり。十四日より御心地重らせ給ふ。若宮、春宮に立たせ給ひぬ。世の人驚くべくもあらず。有べい事と皆思ひたりつれど、御惱の程、一の宮の御前立ち去らず扱ひ聞えさせ給ふも、御心の中推し測られ、心苦しうて、中宮もあいなう御面赤む心地せさせ給ふ。一品の宮も萬づ思し亂れたる御心の中にも、一の宮の御事の斯かるを添へ歎かせ給ふべし。春宮の御事など、すべて宮は何とも覺えさせ給はねば、唯だ殿、かたがたに御暇無く、内、春宮、院などに參り定めさせ給ふ程、えも云はずあさましきまで見えさせ給ひ、御幸ひかなと、めでたく見えさせ給ふ。斯くて院の御惱いと重らせければ、御髮下ろさせ給はんとて、法性寺の座主院源僧都召して仰せらるる事ども、いみじう悲しとも疎かなり。中宮、我にもあらず涙に沈みておはします。一の宮、一品の宮など、いみじう思召したり。春宮の御乳母達の思ひたる氣色、今はしもいとめでたし。斯くて御髮六月十九日辰の刻に下ろし果てさせ給ひて、有らぬ樣にておはします。中宮え塞き敢へさせ給はず。思ひ遣り聞えさすべし。然てだに平安におはしまさば、いとめでたき御有樣なるべき、いみじき一院にこそはおはしますべきを、すべておはしますべうも見えさせ給はぬこそいみじけれ。此修法など今は止めさせ給ひて、念佛などを聞かばやと宣はすれど、只今は同じやうに、平安におはしますべき御祈りのみぞある。然りとも、いと斯ばかりの御有樣を背かせ給ひぬれば、然りともと頼もしうのみ誰も思したるに、五歳にて春宮に立たせ給ひ、七歳にて御位に即かせ給ひて後、二十

五年にぞ成らせ給ひにければ、今の世の帝の斯ばかり長閑かに保たせ給ふやう無し。村上の御事こそは世にめでたき例へにて廿一年おはしましけれ。圓融院の上、世にめでたき御心掟て、類ひ無き聖の帝とさへ申しけるに、十五年ぞおはしましけるに、斯う久しうおはしましつれば、いみじき事に世の人申し思へれど、御心地の猶いみじく重らせ給ひて、寛弘八年六月廿二日の晝つ方、あさましう成らせ給ひぬ。許多の殿上人、上達部、殿ばら、宮の御前、一の宮、一品の宮、すべて聞えん方無し。殿の御前、えも云はずいみじき御心地せさせ給ふとも疎かなり。許多の御修法の壇ども毀ち、僧どもの物運び喧騒る程いと物騷がしう、樣樣に哀れなる事多かり。內方はめでたき事を日の射し出でたる心地したり。此院には萬づ只今はかき曇り、いみじき御有樣どもなるに、春宮のいと若う、行末はるかなる御程思ひ參らするに、いとめでたし。今年は四歳にならせ給ふ。三の宮は三歳におはします。何とも無う紛れさせ給ふも、いみじう哀れなり。いみじき御有樣の又限無きと聞えさすれど、道殊にならせ給ひぬれば、暫しこそあれ、然てのみやはとて、中宮も御方に渡らせ給ひぬ。御裝飾樣殊に爲なして、大殿油近う參りて、然べき人人は遠く退きて侍ふ程などこそは、世に類ひ無くゆゆしきわざなりけれ。中宮、物の哀れも何時かは知らせ給はん、是れこそ初めに思召すらめ。參らせ給ひし程、いみじう若くおはしましに、斯くての後、十二三年に成らせ給ひぬるに、又並び聞えさする人無くて、明暮萬づに慣れ聞えさせ給ひけるに、俄かなるやうなる御有樣を、如何でかは疎かには思召されん。萬づに道理と見えさせ給ふ。一品の宮は十四五ばかりにぞおはしませば、萬づに今は思し果てて、哀れに思

召し歎く。帥の宮はまだいと若うおはしませど、大方のどやかに、心恥かしう、萬づ思し知りたる御有様なれば、いたう沈み思し歎く様、道理なりと見えたり。一方のみならず、自ら思し結ぼほるる事無きにしもあらじかしと、様様心苦しうなん。斯くて日頃の御讀經の聲哀れにて過ぐさせ給ふ程に、御葬送は七月八日と定めさせ給へり。いみじう暑き程に、心より外に程經させ給ふを、中宮いみじう思召したり。斯くておはします事こそはめでたき事ながら、自ら限り有るわざなれば、哀れにのみなん。七月七日、明日は御葬送とて、按察大納言殿より、

七夕を過ぎにし君と思ひせば今日はうれしき秋にぞ有らまし

右京の命婦返し、

わびつつも在りつるものを七夕の唯だおもひやれ明日いかにせん

斯くて八日の夕、岩蔭と云ふ所へおはします。儀式有様珍らかなるまで装ほしきに、然は是れこそは最後の御有様なりけれと見ゆるが、悲しきものに人思へり。殿の御前を初め奉りて、何れの上達部、殿上人かは殘り仕うまつらぬは有らん。おはしまし着きては、いみじき御有様と申しつれど、はかなき煙と成らせ給ひぬるは、如何が哀れならぬ。永き夜と云へど、はかなう明けぬれば、曉方には御骨など、帥の宮、殿など取らせ給ひて、事果てぬれば、大藏卿正光朝臣負ひ奉りて還らせ給ふ程など、いみじう悲し。還らせ給ふ道の心も無し。皆一條院に夜深く入らせ給ひぬ。高松の中將、

　いづこにか君をば置きて歸りけんそこはかとだに思ほえぬかな

公信の内藏頭、

　かへりてもおなじ山路を尋ねつつ似たる煙や立つとこそ見め

哀れに盡きせぬ御事どもなり。日頃は然ても、おはします御方の儀式有樣、はかなき御調度より初め、例樣にもてなし聞えさせ給へれば、然てのみ有りつるを、今日よりはおはしまし所を、御念佛の所にしつらひて、佛おはしまさせ、僧などの慣れ姿も、いみじうかたじけなう、萬づに悲し。御念佛の際の、日の暮るる程、後夜などのいみじう哀れに、樣樣悲しき事多くて過ぐさせ給ふに、御前の瞿麥を人の折りて持て參りたるを、宮の御前の御硯瓶に挿させ給へるを、春宮取り散らさせ給へば、宮の御前、

　見るままに露ぞこぼるる後れにし心も知らぬなでしこのはな

月のいみじう明きに、おはしまし所の、氣鮮かに見ゆれば、宮の御前、

　影だにも留まらざりける雲のうへを玉の臺と誰れか云ひけん

はかなう御忌も過ぎて、御法事一條院にて爲させ給ふ。其程の御有樣更なる事なれば書き續けず。宮宮の御有樣いみじう哀れなり。御忌果てて、宮は枇杷殿へ渡らせ給ひたり。藤式部、

　在りし世は夢と見なして涙さへとまらぬ宿ぞ悲しかりける

一品の宮は三條院に渡らせ給ひぬ。一の宮は別納におはします。中宮より、宮宮に覺束なからず音づれ聞え

させ給ふ。九月ばかりに蟬の資業、一品の宮に參りて、山寺に一日まかりたりしに、岩蔭のおはしまし所見參らせしかば哀れに思ひ給へられて、

岩かげの烟を霧に分きかねて其ゆふぐれの心地せしかな

一條院の御念佛、御讀經、御果てまで斯くてあるべし。御忌の程、同じ如侍はせ給ひしに、故關白殿の僧都の君は退かで給ひて、飯室はやがて其儘に侍ひ給へば、僧都の君の御許に遣りし、

くりかへし悲しきことは君まさぬ宿の宿守る身にこそありけれ

僧都の君の御返し、

君在さぬ宿に住むらん人よりも外の袂は乾くまも無し

春宮は今は内におはしませば、中宮の萬づに思し亂れさせ給ふに、春宮の御有樣の覺束なささへ添ひて、悒せく思召さるる事多かり。内にはまだ誰も誰も侍はせ給はず、尙侍の殿をぞ參らせ給へとある御消息度度になりぬれど、殿の御前、すがすがしうも思し立たせ給はず。内の御後見も殿仕うまつらせ給ふ。春宮のはた更なり。猶珍らかなる御有樣を、同じ事のやうなれど、飽きせず世人申し思へり。内の宣耀殿の宮達は、三所は御元服せさせ給へり。四の宮ぞまだ童にておはします。女一の宮、齋宮に居させ給ふべき御定めになりぬ。御卽位、御禊、大嘗會など樣樣に喧る。女御代には尙侍の殿出で給ふべきやうにぞ世人申しける。然れど其れはまだ定めも無し。斯く云ふ程に、故帥殿の姫君には高松殿の二位中將住み給ひければ、此頃ぞ

御子産み奉り給ひければ、いみじう美くしき女君におはすれば、殿は后がねと抱き持ちて愛くしみ奉り給ふ。七日が程の御有樣限り無く、御方方よりも御訪問どもあり。殿の御前はた更なり、萬づに知り扱ひ聞えさせ給ふ。あはれ帥殿のいみじきものにかしづき給ひしを思し出づるにも、是れ惡ろき振舞にはあらねど、世に限無き御有樣に思し掟てしものをと、先づ思ひ出で聞ゆる人人多かり。詳しき御事も世の騒がしき營みなれば、え書き盡さずなりぬ。推し測るべし。此君生れ給ひて後は、殿、内などに參り給ふも、暇惜しう思されてなん。御侍の殿、内に參らせ給ふ。此度はいと心殊なり。帝の御心いとをかしう今めかしう、朧朧しうおはします。何事も物の榮ある樣におはしませば、萬づもてはやし思召したり。御遊びなどいみじかべう云ひ喧騒るめり。此頃は、齋宮も野の宮におはします程いとめでたながら、宣耀殿の明暮の御中らひの儀に引き離れさせ給ふも、御涙こぼれさせ給へど、忌忌しければ忍びさせ給ふべし。殿は御服換う脱がせ給ひて、御禊など事ども執り行はせ給ふ。東宮の宮司などまだ定まらず。御忌の程などはいとゆゆしく思され給ふ。又日次など擇らせ給ふ程に、事しも又一定なれば此頃ぞ脱がせ給ふ。はかなくて十月にもなりぬれば、中宮の御袖の時雨も晩めがちにぞ過ぐさせ給ふ。御行のみぞ隙無き。庭も紅深く御覽じ遣られて哀れなり。兒宮のいみじう慌てさせ給ふ程の愛くしきにも、東宮のいといみじう成長させ給ふ程を人傳てに聞し召しても、飽かぬ樣に思し召さる。大方の御有樣こそ長閑かにも思召せど、猶行末盡きずまじき御頼もしきを、許多の御讀經の御中に女宮の交らせ給へらましかば如何にめでたき御かしづきぐさならましと、おはしまさぬを口惜しき事に見奉り思

召すも、飾りなるまである御心なりかし。承香殿、弘徽殿などの、女宮をだに持ち奉らせ給はましかばと哀れなり。世の中には、御祓など厳めしき事ども様様揺すれど、中宮は唯だ哀れ盡きせず思召されて、然るべき折折は一品の宮に御消息聞えさせ給ひ、何事も心ざし聞えさせ給ふ。一品の宮も月日の過ぐるを哀れに悲しき事に思召しては、帥の宮だに一所におはしまさぬ事をぞ口惜しく思召す。何處にも唯だ御行をぞ怠ませ給はぬ。一條院には、御讀經、御念佛など絶えずして、僧どもの哀れに心細く聞き所に、人少なに覺ゆるままに、世は斯うこそは有りけれと、おはしまししし世の御有様を語りつつも、思ひ出で聞えさせぬ折無し。帥の宮は、故院の一條院におはしましし折にこそ、別納の御住居もつきづきしかりしか。今は何事も隔て多かる御心地せさせ給へば、如何にと思し亂るるに、殿おはしまして、南の院を奉らせ給ひて、別納をば三の宮の御領にと思召したり。惡しかるまじき事なれば、然様に思召したれど、猶御果てまでは斯うてやとぞ思召しける。年頃の女房達、内に參るは少なうて、春宮、中宮、一品の宮、帥の宮にぞ皆分かれ分かれ參りける。故院の御心掟てのやうには誰も誰もおはしまさじとて、唯だ其御筋を尋ね參るなるべし。哀れに盡きせずめでたうおはしましつる宿と惜み申さぬ人無し。彼藏部屋、弘徽殿、承香殿は、皆御除服あるべし。如何でかは然あらざらん、哀れなる御形見の衣は所分かずなん。其が中に承香殿は忠實やかに思ひ聞え給へりしものを、如何でか思し知らぬやうはと見えたり。一條院の御處分無くて亡せさせ給ひにしかば、後に殿の御前ぞ爲させ給ひける。彼弘徽殿、承香殿など、皆此中にて分ち奉らせ給へり。其程の御心寛ぐ尋常ならずなん。哀れ

なる御心向けを何れも世は斯うこそはと申すながらも、可惜しうめでたき御有樣を、いとどしうのみなん。一條院御髮下ろさせ給はんとて、宮に聞えさせ給ひける。

　露のみの假りの宿りに君を置きて家を出でぬる事ぞかなしき

とこそは聞えしか。御返し、何事も思し分かざりける程にてとぞ。左衛門督の北の方、内の大臣殿の女御に、

數ならぬ
道芝とのみ敷きつつ、　はかなく露の起き臥しに、
あけくれ竹の生ひ行かん　此世の末になりてだに、
嬉しき節や見ゆるとて、　いつしかとこそ松山の
高き梢に巢籠れる　まだ木傳はぬ鶯を
梅の匂ひに誘はせて、　東風早く吹きぬれば、
谷の氷も打解けて　霞の衣立ち居つつ、
下枝までにも打靡き、　岸の藤なみ淺からぬ
匂ひに通ふ紫の　雲のたなびく朝夕に、

今も緑の松にのみ
夏來ぬべしと聞ゆなる
語らひ渡る聲聞けば、
云ひやらぬ間の菖蒲草
屋端に懸かる物とのみ
玉の臺と思ひつつ、
忘れ果てては、千年經ん
かき流しやる河瀬にも、
離かれても、いろいろの
秋深くのみ賴まれて、
世を長月と云ひ置ける
匂ひを染むる時雨にも
はかなく過ぐす月日にも
頭の霜の置けるをも
思ひ空しく爲さじとぞ

栄華物語　岩蔭

心を掛けて過ぐす間に、
山ほととぎす小夜深く
何の心を思ふとも
長き例に引きなして、
蓬の宿を打拂ひ
現せ身の世のはかなさも
君が齢を祈りてぞ
傍へ涼しき風の音に
花の袂のゆかしさを
紅葉の錦、霧絶えず、
久しき事を菊の花、
天の下降る甲斐やあると、
心もとなく思ふ間に、
打拂ひつつ在り經んと
衣の裾に育みて、

塵も据ゑじと磨きつる　玉の光の思はずに
消えにしよりは、かき昏す　心の闇に惑はれて、
向くべき方も涙のみ　盡きせぬものと流れつつ
戀しき影も留まらず、　袖のしがらみ塞きかねて
瀧の聲だに惜まれず、　惑ひ入りては尋ぬれど
死出の山なる別れ路は　行きて見るべき方も無し。
哀れ忘れぬ名殘には　日數ばかりを數ふとて、
啼きわたるめる呼子鳥、　ほのかに君を歎くなる
聲ばかりにて、山城の　とはに岩瀬の森過ぎて、
我ばかりのみ住の江の　先づ行き方も波掛くる
岸のまにまに忘れ草　生ひも繁らんと思ふにも、
軒に掛れる蜘蛛の　皆がら斷えぬ便だに
結ばざりけん絲弱み　心細さぞ盡きもせぬ。
むなしき空を思ひ侘び　雁の群れ居し跡見れば
獨り常世に起き臥しも　枕の下に生けらじと、

憂き身を歎く鴛鴦の　つがひ離れて夜もすがら
上毛の霜を拂ひ佗び　凍る氷に閉ぢられて、
來し方知らず啼く聲は　夢かとのみぞ驚きて、
消えかへりぬる魂は　行方も知らず憧れつつ、
釣りに年經る漁人も、　舟流したる年月も、
甲斐無き方は增さるとも、　刈る藻かき漁り求むとも、
海松海布なぎさに打つ浪の　跡だに見えず消えなんと、
思ひの外に津の國の　暫しばかりも長らへば、
何はの事も今は唯だ　あまた搔き積む藻鹽草
鹽の誰をか賴むべき。　煙斷えせぬ薰香の
この形見なる思ひあらば、　一人殘らず打狎ぶき
衣の袖に育めと、　身の程知らず賴むめるかな。

水ぐきに思ふ心を何事もえも書き敢へぬ涙なりけり

内大臣殿の女御殿の御返し、

水ぐきの跡を見るにもいとどしく流るるものは涙なりけり

古を
思ひ出づれば、雪消えぬ
生ひ出でん事ぞ難かりし。
枯れわたりたる水際に
ふたりの羽の下にだに
雪の中にぞ漂ひし。
夜は舊巣に睡りつつ
あまたの聲と聞くばかり、
生ける甲斐無き身なれども、
互にこそは頼みしか。
行末遠き小松原
その蔭にこそ隱れめと
幾入とだに思ほえず
色も變らで年經れば、
嬉しき節を見る毎に、

垣根の草は二葉にて、
角ぐむ蘆のはかなくて
つがはぬ鴛鴦は寂しくて、
狹く棲ひし鳥の子の
妻はおのおの飛び別れ
翼を戀ひて啼き侘びし
悲しき事は廣澤の
浪の立ち居に附けつつも
誰も我世の若ければ
木高くならん枝もあらば
思ふ心は深綠、
思ひ初めてし衣手の
生ひ出づる竹の己が世世
如何なる世にか枯れせんと

思ひけるこそはかなけれ。　朝の露を玉と見て
磨きし程に消えにけり。　夕の松の風の音に
悲しき琴を調べつつ、　音をのみぞ啼く群鳥の
群れたる中に唯だひとり　如何なる方に飛び行きて、
知る人も無く惑ふらん。　留まる類ひは多くして
戀し戀しと思へども、　今は空しき大空の
雲ばかりをぞ形見には　明暮に見る月影の
木の下闇に惑ふめる　歎きの森の繁さをぞ
拂はん方も思ほえぬ。　見る人毎に道理の
涙の川を流すかな。　かしてや其處の邊りには
如何ばかりかは湛ふらん、　淵瀬も知らず歎くなる
心の程を思ひやる　人の上さへ歎かるるかな。

とて、また斯くなん、

君も然ばむかしの人と思はなん我もかたみに頼むべきかな

榮華物語上卷　終

大正十四年十二月三十日印刷
大正十五年　一月　三　日發行
〔非賣品〕

日本古典全集第一回
榮華物語
上卷

編纂者　與謝野寛
同　正宗敦夫
同　與謝野晶子
裝幀圖案者　廣川松五郎
發行者　長島豐太郎
東京府北豐島郡長崎村一六二
印刷所　新樹製版印刷所
東京府北豐島郡長崎村一六二
印刷者　高顯滿吉

發行所
東京府北豐島郡長崎村一六二
日本古典全集刊行會
振替口座東京七三〇三二
電話番號小石川七〇九九